에베소서 강해설교 1

그 때에 그리고 이제는

배광호 지음

도서출판 영문

Then & Now

By
Dr. Paul G.H. Bae

2007
Young Moon Publishing Co.,
Seoul, Korea

머리말

할렐루야!

우리를 죄악에서 구원하시어 영광의 나라의 풍성함을 누리게 하신 주 예수 그리스도를 찬양합니다. 우리는 모두 허물과 죄로 죽었던 죄인들이었지만, 예수 그리스도의 십자가의 구속으로 말미암아 하늘나라의 기업을 누리게 하신 하나님의 놀라우신 섭리와 사랑을 에베소서를 통해서 알게 하심을 감사합니다.

에베소서는 많은 설교자들이 좋아합니다. 또한 에베소서는 매력이 있으며 좋아하는 메시지들이 많아 설교자들이 꼭 설교를 하고 싶어합니다. 동시에 구원받은 하나님의 백성들, 즉 교회를 이루는 몸 된 성도들이 반드시 알아야 할 진리들이 많습니다.

만세 전에 우리를 선택하시고 때가 되매 불러주시고 그의 피로 거룩하게 씻어 그의 영광이 되고 그를 찬양하게 하신 주님의 위대하신 사랑으로 시작합니다. 이 에베소서는 전반 부분 1장에서 3장까지의 내용은 우리를 구원하시는 하나님의 놀라우신 계획과 섭리와 사랑을, 그리고 후반부에서는 구원받은 하나님의 백성이 실제적으로 어떻게 살아가야 하는가를 잘 가르쳐주고 있습니다. 구원받은 백성들의 신령한 축복, 죽었던 우리를 살리시는 주 예수 그리스도의 은혜를 믿음으로 구원받은 우리는 그리스도 안에서 하나가 되었고, 화평을 누리게 됨으로 영원 전부터 감추어졌던 하나님의 비밀이 드러나게 되었습니다.

이제 우리는 그리스도 안에서 일치를 이루어야 하며 빛의 자녀로 살아야 합니다. 빛 속에서 사는 삶은 하나님을 본받으며 성령의 능력을 입어야 가능합니다. 그럴 때 남편과 아내의 관계가 하나되고 연합될 수 있으며, 부모에게 효도하며 자식을 잘 훈육할 수 있게 되며, 상전과 종의 관계가 바로 정립될 수 있습니다.

마지막으로 영적 전투에서 승리하기 위해서 반드시 하나님의 전신 갑주를 입어야 할 것을 가르쳐주고 있습니다.

에베소서를 통해서 구속의 은혜와 교회의 하나됨과 영광스러움을 깊이 체험하는 기회가 되시기를 기도합니다. 에베소서의 메시지는 지상에 교회가 존재하는 한 계속 은혜롭게 선포될 것입니다.

이 책이 출판되도록 수고하신 모든 출판위원들과 전병덕 목사님, 그리고 공혜숙 전도사님께 감사의 말씀을 드립니다.

처음부터 이 책의 모든 수익금을 교회 확장을 위해 바치게 해 주신 하나님께 영광을 돌립니다.

주 예수 그리스도의 성탄을 기다리며
주후 2007년 영국 런던에서
배굉호 드림

Contents

머리말 • 3

1. 바울의 인사(에베소서 1:1-2) … 7
2. 신령한 복(에베소서 1:3-14) … 29
3. 그리스도 안에서 은혜의 풍성함(에베소서 1:7-12) … 48
4. 그리스도 안에서 통일(에베소서 1:7-14) … 63
5. 바울의 기도(에베소서 1:15-19) … 78
6. 은혜를 인하여 구원을 얻었나니(에베소서 2:1-10) … 96
7. 그 때에 그리고 이제는 1(에베소서 2:11-13) … 114
8. 그 때에 그리고 이제는 2(에베소서 2:11-18) … 122
9. 그 때에 그리고 이제는 3(에베소서 2:19-22) … 139
10. 하나님께서 쓰시는 일꾼(에베소서 3:1-13) … 155
11. 교회를 위한 바울의 기도(에베소서 3:14-21) … 171

¹하나님의 뜻으로 말미암아 그리스도 예수의 사도 된 바울은 에베소에 있는 성도들과 그리스도 예수 안의 신실한 자들에게 편지하노니 ²하나님 우리 아버지와 주 예수 그리스도로 좇아 은혜와 평강이 너희에게 있을지어다

(에베소서 1:1-2)

01

바울의 인사

BC 11세기에 건설된 소아시아의 항구도시인 에베소는 상업과 종교의 중심지로 페르시아에 이어 마케도니아와 로마의 통치를 받았습니다. 아데미 신전으로 유명했으며(행 19:27-28), 경기장, 원형극장, 시민광장 등의 공동시설들이 있는 비교적 풍요로운 도시였습니다. 바울은 2차 전도 여행 때 이곳에서 사역하다가 브리스길라와 아굴라 부부에게 이양했습니다(행 18:21). 당시 에베소는 하나님의 질서가 파괴된 도시였습니다. 도덕적 타락과 매춘이 성행하였고, 살인자들, 도적들, 강도들

이 우글거리는 곳이었습니다. 그러한 곳에 사는 교인들에게, 바울은 비록 옥중에 있었으나 옥 밖에 있는 성도들을 향하여 하나님의 새로운 질서를 선포하고 있습니다.

에베소 교회는 바울이 에베소 지방에 들어가서 세운 개척교회입니다. 이 에베소 교회는 이방 종교의 중심지에 위치했으므로 얼마든지 다른 종교로부터 위협을 받을 가능성이 있었습니다. 지금까지만 해도 바울의 가르침으로 사랑과 은혜가 충만한 교회로 잘 성장하고 있었습니다. 바울은 에베소 지역에 들어가 무려 3년 간이나 밤낮 쉬지 않고 눈물로 목회를 하였습니다(행 20:31). 에베소 교회를 떠나는 바울의 심정은 마치 어린아이를 떼어놓고 가는 어머니와 같았을 것입니다. 그래서 바울이 에베소 지방을 떠나면서 에베소 교회 장로들을 밀레도라고 하는 해변가로 불러 마지막으로 훈계하였습니다. "내가 떠난 후에 흉악한 이리가 너희 중에 들어 와서 그 양떼를 아끼지 아니하며 또한 너희 중에서도 제자들을 끌어 자기를 좇게 하려고 어그러진 말을 하는 사람들이 일어 날 줄을 내가 아노니 그러므로 너희가 일깨어 내가 삼 년이나 밤낮 쉬지 않고 눈물로 각 사람을 훈계하던 것을 기억하라" (행 20:29-31) 그리고 바울은 목회자가 떠난 후에 닥칠 에베소 교회의 장래를 걱정하면서, 교회의 장로들에게 감동적이고 긴 내용으로 훈계를 하는 모습을 사도행전 20장 36-38절에서 찾아 볼 수 있습니다. "이 말을 한 후 무릎을 꿇고 저희 모든 사람과 함께 기도하니다 크게 울며 바울의 목을 안고 입을 맞추고 다시 그 얼굴을 보지 못하리라 한 말을 인하여 더욱 근심하고 배에까지 그를 전송하니라" 우리는 여기서 주의 종을 다시 보지 못할 아쉬움 때문에 해변가에서 목을 끌어안고 입을 맞추는 사랑이 충만한 모습을 볼 수 있습니다. 이런 사도 바울이 감옥에 투옥되었다는 소식이 전해지자 에베소 교인들은 충격으로 낙심하게 됩니다. 그때 바울이 에베소 교회 성도들에게 편지를 합니다. "그러므로 너희에게 구하노니 너희를 위한 나의 여러 환난에 대하여 낙심치 말라 이는 너희의 영광이니라"(엡 3:13)

에베소서는 바울 서신 중에서 가장 조직적입니다. 아미테이지 로빈슨(Armitage Robinson)은 '바울 서신들 중의 왕관' 이라고 하였고, 윌리엄 바클레이(William Barclay)는 '서신들의 여왕' 이라고 선언하였습니다. 프린스턴 신학교의 교장 존 멕케이(John Mackay)는 에베소서를 읽어 본 후에 이렇게 고백하였습니다. "나는 새로운 세계를 보았습니다. …모든 것이 새로웠습니다. …나는 새로운 관점과 새로운 체험들, 그리고 타인에 대한 새로운 태도를 갖게 되었습니다. 나는 하나님을 사랑하게 되었습니다. 예수 그리스도께서 모든 것의 중심이 되셨습니다. …나는 소생하였던 것입니다. 나는 정말 살아 있는 존재가 된 것입니다."

이 에베소서는 읽을수록 감동적이며 설교를 할수록 매력이 있습니다. 에베소서는 조직 신학적으로 볼 때에 교회론에 해당합니다. 바울이 에베소 교회에 보내는 편지를 로마 옥중에서 썼다고 해서 빌립보서, 골로새서, 빌레몬서와 함께 옥중 서신이라고 부릅니다. "그리스도 예수의 일로 너희 이방을 위하여 갇힌 자"(3:1), "주 안에서 갇힌 내가"(4:1), "쇠사슬에 매인 사신"(6:20)이라고 한 것을 볼 때에 그가 편지를 쓸 무렵은 죄수의 신분으로 감옥에 있었음을 알 수 있습니다. 그 감옥은 로마의 감옥이었습니다(행 28:16,30; 빌 1:13). 이 편지를 '에베소서'라고 이름을 붙인 것은 에베소에 있는 성도들에게 쓴 편지이기 때문입니다.

바울이 에베소서를 쓴 직접적인 동기는 바울이 로마의 감옥에 갇혔다는 말을 듣고 근심하고 있는 성도들에게 두기고를 통해서 그들을 위로하고, 그들의 신앙을 권면하기 위해서입니다. 내용으로 보아 그리스도의 교회가 하나됨을 지향하고 있습니다. 흩어진 교회들이 그리스도 안에 하나가 되도록 권면하고 있습니다. '그리스도 안에서 만유의 통일'(1:10, 2:13-16, 4:4-6)이 이 서신의 중요 사상입니다. 그렇게 강조하는 이유는 유대 사상과 헬라 사상의 충돌, 선과 악의 충돌, 영과 영의 대립 등을 막고자 하는데 있습니다. 오늘날 교회가 그리스도 안에 통일되어야 할 이유도 여기에 있습니다.

1-3장까지는 신앙 편으로 '우리는 이것을 믿는다', 그리고 4-6장까지는 생활 편으로 '우리는 이렇게 살아야 한다'는 내용의 교훈입니다. 여기서 강조하는 것은 신앙과 생활 중 어느 것

하나도 소홀히 여기거나 무시해서는 안 된다는 것입니다. 신앙만 강조하고 생활을 무시한다거나, 생활만 강조하고 신앙을 무시해서는 안됩니다. 반드시 신앙과 생활이 일치하는 성도가 되어야 합니다. 나무는 뿌리도 좋고 열매도 좋아야 합니다. 마찬가지로 우리 성도는 신앙과 생활이 다 좋아야 합니다. 신앙이 좋다고 할 때 그것을 뒷받침 할 수 있는 생활이 있어야 합니다. 야고보가 "행함이 없는 믿음은 그 자체가 죽은 것이라"(약 2:17), "영혼 없는 몸이 죽은 것 같이 행함이 없는 믿음은 죽은 것이니라"(약 2:26)고 말한 이유가 여기에 있습니다. 우리는 이 두 가지를 다 잘 해야겠습니다.

1. 발신자: 사도 바울

"하나님의 뜻으로 말미암아 그리스도 예수의 사도 된 바울은 에베소에 있는 성도들과 그리스도 예수 안의 신실한 자들에게 편지하노니 하나님 우리 아버지와 주 예수 그리스도로 좇아 은혜와 평강이 너희에게 있을지어다"(1:1-2)

바울 서신의 공통점은 시작이 똑같다는 것입니다. 먼저 인사말이 나온 뒤에 감사와 기도의 내용이 나옵니다(롬 1:1, 고전 1:1, 고후 1:1, 빌 1:1, 고후 1:1, 골 1:1, 딤전 1:1, 딤후 1:1, 딛 1:1). 그러나 갈라디아서는 예외입니다.

바울은 먼저 이 편지를 보내는 자신을 소개하고 있습니다.

바울은 본문에서 자기를 '사도' 라고 소개하고 있습니다. '사도' (아포스톨로스, $\alpha\pi o\sigma\tau o\lambda o\varsigma$)라는 말은 '보내다' 라는 의미의 동사 '아포스텔로' ($\alpha\pi o\sigma\tau\epsilon\lambda\omega$)에서 유래된 것으로 문자적인 의미는 '보냄을 받은 자' 입니다. 바울이 이 호칭을 자신에 대하여 사용한 것은, 자신의 전도가 그가 소유하고 있는 자질에서 말미암은 것이 아니라 자기를 보내신 분에게서 비롯되었음을 시사하기 위함입니다(행 26:16-18; 고전 9:1). 아포스톨로스($\alpha\pi o\sigma\tau o\lambda o\varsigma$)는 '파견하다', ' 보낸다' 라는 의미입니다. 어떤 특별한 임무를 수행하기 위하여 파송을 받은 사람을 아포스톨로스($\alpha\pi o\sigma\tau o\lambda o\varsigma$)라고 합니다(마 10:5,16, 21:1, 막 3:14, 12:2, 눅 1:19, 요 1:6, 롬 10:15, 고전 1:17). 국가로부터 다른 나라로 보냄을 받은 대사라든가 특수 임무를 띠고 파견된 부대의 요원 등을 가르키는 말입니다. 바울은 이 의식이 강력하였습니다. 자기가 사도가 된 것은 그 직분이 사람에게서 난 것이 아니라 전적으로 하나님의 거룩하신 뜻으로 된 것이라고 확신하고 살았다는 것입니다(갈 1:1). 여기서 중요한 것은 소명감이요 사명감입니다. 하나님께서 나를 부르시고 나를 직분자로 세우셨다는 것을 의식하는 것은 우리의 신앙생활에 아주 중요할 뿐만 아니라 많은 도움이 됩니다. 우리가 자신을 어떤 사람으로 생각하고 있으며 어떻게 사용하고 있는가 하는 것은 우리에게 아주 중요합니다. 또한 다른 사람은 나를 어떻게 생각하고 있는가 하는 것 또한 중요합니다. 바울은 자신을 사도로 확신하며 살았습니다.

우리는 그리스도의 일꾼으로 부르심을 받은 자들입니다. 우리가 맡고 있는 교회의 직분은 하나님께서 내게 부여하신 귀한 직분임을 알고 충성스럽게 섬겨야 합니다. 그런데 바울은 자신이 '예수님께서 보내셔서 온 사도' 라는 확신이 있었습니다. 여기서 사도의 직분이라는 것은 12사도에게만 국한된 명칭입니다. 예수님을 만나 직접 가르침을 받으며 놀라운 역사를 체험한 증인들과 십자가와 부활의 증인들에게 사도라는 직함이 부여되었습니다. 더욱 중요한 것은 사도 바울이 자신을 소개할 때 '하나님의 뜻으로 말미암아 그리스도 예수의 사도 된 바울' 이라고 말했다는데 있습니다. 하나님의 뜻으로 그리스도 예수의 사도가 되었다는 확신과 자의식이 분명합니다. 바울은 사명감이 투철하였습니다. 이것은 다른 서신들에서도 잘 나타납니다. "하나님의 뜻으로 말미암아 그리스도 예수의 사도 된 바울"(고후), "사람들에게서 난 것도 아니요 사람으로 말미암은 것도 아니요 오직…하나님 아버지로 말미암아 사도 된 바울"(갈), "하나님의 뜻으로 말미암아 그리스도 예수의 사도 된 바울"(골), "우리 구주 하나님과 우리 소망이신 그리스도 예수의 명령을 따라 그리스도 예수의 사도 된 바울"(딤전), "하나님의 뜻으로 말미암아 그리스도 예수 안에 있는 생명의 약속대로 그리스도 예수의 사도 된 바울"(딤후), "하나님의 종이요 예수 그리스도의 사도 된 바울"(딛)

바울은 자신의 사명이 사람에게서 나온 것이 아니라 하나님께서 부여해 주신 것이라고 말합니다(갈 1:1). 그리스도의 직임을 받은 모든 사람은 이와 같은 인식이 필요합니다. 이것이 바로 소명감입니다. 바울은 이 소명의식이 투철하였습니다. 바울에게 있어 소명은 생명보다도 중요했고, 그의 삶의 전부이자 그를 지탱해 주는 삶의 원동력이었습니다. 어떤 일에 우리가 부름을 받았든지 하나님께서 나를 부르셨다는 확신이 있어야 합니다. 하나님께서 나를 하나님의 백성으로, 하나님의 자녀로 부르신 데는 하나님의 목적과 계획과 뜻이 있음을 알고 순종하여야 합니다. 목적 있는 삶, 의미 있는 삶, 하나님께 영광을 돌리는 삶은 소명의식을 깨달을 때 시작됩니다. 바울은 하나님의 뜻으로 그리스도 예수의 사도가 되었다는 확신과 자의식, 하나님께서 자신을 부르셨다는 '소명의식'이 분명하였습니다. 그리스도의 일꾼들에게 있어 소명의식은 매우 중요합니다. 교회를 섬기는 우리에게 지금 필요한 것은 소명의식입니다. '하나님께서 나를 부르셨다'는 분명한 확신이 있어야 합니다. 하나님께서 나를 하나님의 백성으로, 하나님의 자녀로 부르신 데는 하나님의 목적과 계획과 뜻이 있다는 의식을 투철하게 가져야 합니다. 하나님께서 우리에게 하나님의 교회를 섬기게 하셨음을 분명히 알아야 합니다. 그리고 주님의 부르심을 확신하고 순종해야 합니다.

사도 바울은 이 확신이 있었기 때문에 자기를 향하신 하나님의 뜻을 이루어 드리기 위하여 목숨도 아끼지 않고 충성을 다하였습니다. 우리도 하나님께서 우리를 불러서 직분을 주시고, 이 자리에 세워 주셨다는 확실한 소명감을 가지고 충성하는 성도가 됩시다.

2. 수신자

1) 에베소 성도들

"에베소에 있는 성도들과 그리스도 예수 안의 신실한 자들에게 편지하노니"(1:1)

이 편지의 수신자는 에베소에 있는 성도들입니다. 에베소 교회는 바울이 3년이나 밤낮 쉬지 않고 눈물로 목회한 교회입니다. 이제 그 성도들에게 사랑의 편지를 보냅니다. '성도'라는 말의 한 문자는 거룩할 '聖', 무리 '徒'를 써서 '거룩한 무리', '구별된 무리'라는 뜻입니다. 성도는 하나님께서 자신을 위하여 세상과 분리시킨 그리스도인들을 지칭하는 명칭입니다. 에베소 교회에 보낸 것을 그 교회뿐 아니라 다른 교회들도 돌려 본 회람(回覽) 서신으로 보는 견해가 지배적입니다. 이렇게 볼 때 수신자는 성도들입니다. 즉 그리스도 안에 있는 자들, 그리스도 안에 있는 우리가 이 편지의 수신자입니다. 우리는 모두 본 서신의 수신자입니다. 그 이유는 비개인적인 특성 때문입니다(1:15, 3:2, 4:21-22). 에베소는 바울이 심혈을 기울여 목회를 했던 곳임에도 특정 인물에 대한 언급이 없습니다.

여기서 중요한 말은 '성도' 입니다. 성도는 '거룩한 백성' 이란 뜻입니다. 그런데 성도는 거룩하게 살아야 하는데 그 이름대로 거룩하게 살지 못하면 불편합니다. '신자' 라는 말도 함부로 붙일 수 없습니다. 진실로 믿어야 '신자' (信者)인데 그것을 알 수 없을 뿐더러, 예배당만 드나든다고 '신자' 라고 할 수도 없기 때문입니다. '교인' 이라는 말은 사용할 수 있습니다. 교회에 나오기만 하면 교인이기 때문입니다. 그래서 옛날에는 '교우 여러분' 이라는 표현을 많이 썼습니다. 교회에 나온다는 것과 믿는다는 것은 전혀 다르기 때문입니다.

목사님 한 분이 장례식 때 어느 교우의 아버지를 '성도' 라 불렀다가 혼이 났다고 합니다. 우리 아버지는 장로인데 왜 '성도' 라고 부르느냐는 것이었습니다. 장로보다 '성도' 라는 말이 더 귀합니다. 사실 목사, 장로, 권사, 집사란 말은 직분입니다. 이런 직분은 우리가 세상을 떠날 때 다 두고 떠납니다. 그 때에는 성도냐, 성도가 아니냐의 구별만 있을 뿐입니다. 거기는 오직 '성도' 만이 있을 뿐입니다. 성도라는 말을 귀하게 여겨야 합니다. 이보다 더 좋은 말은 없습니다.

그런데 '성도' 라는 말은 그냥 들으면 '거룩한 사람들' 이란 뜻이지만, 원래의 의미는 '구별된 사람들' 을 뜻합니다. 영어로 하면 Saint가 아니라 Separated입니다. 바울이 말하고자 하는 것은 그들은 비록 세상의 문명이 발달하고 우상 숭배가 성행하는 에베소에 살고 있지만 그곳에 사는 다른 사람들과는 구별된 사람들, 즉 거룩한 사람들이라는 말입니다.

그런데 여기서 우리가 확인할 것이 하나 있습니다. 그것은 '거룩'이라는 말은 하나님께 대해, 하나님께 속한 것에 대해 사용합니다. 하나님은 본래 거룩하시기 때문에 거룩이라는 말을 붙여야 됩니다. 그런데 또 거룩이라는 말을 붙이는 것이 있습니다. 그 자체는 거룩하지 않지만 거룩하신 하나님께 속해 있기 때문에 '거룩'이라는 말을 붙이는 것입니다. 예를 들면 예배당을 '성전'이라고 부르는 것은 '하나님께 속한 집'이기 때문입니다. 그리고 강대상도 '성구'라고 하는 것은 '거룩한 상'이라는 말입니다. 하나님께 바쳐진 것이기 때문입니다. 날 중에서도 거룩한 날은 '주일'입니다. 그래서 세상 사람들은 '공일'이라고 하지만 우리는 '성일'이라고 부릅니다. 우리도 마찬가지입니다. 우리 자신을 생각할 때는 도저히 성도라고 할 수 없지만 예수님을 구주로 영접한 순간 거룩해졌고 '성도'가 되었습니다. 이제 그리스도에게 속했기 때문에 '성도'라고 할 수 있습니다. 여러분은 바로 성도이심을 믿으시기 바랍니다. 신약 성경에서 그리스도인들을 가르킬 때 전형적으로 사용한 '성도'($ἅγιοι$, 하기오이)라는 단어는 늘 복수로 사용되었습니다. 성화되고 성별된 자들을 일컫는 말이었습니다(행 9:13, 롬 12:13, 고전 1:2, 고후 9:1, 빌 4:21, 골 1:4, 살전 3:13).

한 마디로 하나님을 위하여 전적으로 헌신하는 경건한 사람들에게 사용한 말입니다. 그런데 사실 여기에 '에베소에 있는 성도들' 이라는 말씀이 그것을 설명해 주고 있습니다.

에베소는 당시 로마 제국의 행정상, 교통상, 상업상 요충 지대였습니다. 거대한 아데미 신전이 있었고 음란했으며 우상을 숭배하는 타락한 도시였습니다. 그 당시의 에베소 사람들은 대부분이 우상을 숭배하였습니다. 그들은 비록 우상을 섬겼지만 신앙심이 아주 깊었던 사람들입니다. 이런 일화가 있습니다. 에베소를 정복한 알렉산더 대왕의 생일에 공교롭게도 아데미 신전의 화재로 신전이 전소되고 말았습니다. 이 사실이 알렉산더 대왕에게 알려지자 왕이 미안했던지 아데미 제사장에게 한 가지 제안을 하였습니다. "만일 나의 공적이 기록된 비문을 아데미 신전에 세워 준다면 내가 아데미 신전 건축을 위한 경비 일체를 담당하겠다." 그런데 아데미 신전을 섬기는 사람들은 대왕의 배려를 거절하고 자신들의 힘으로 전보다 더 웅장한 신전을 세웠다고 합니다. 한 마디로 우상 숭배의 골수 분자들이라고 할 수 있습니다.

그런 사람들 가운데 살다가 주님을 구주로 영접한 사람들을 일컬어 '성도' 라고 부릅니다. 비록 우상의 도시에 살지만 하나님께 속한 구별된 백성이기 때문에 '성도' 라고 부르는 것입니다.

2) 신실한 자들

"그리스도 예수 안의 신실한 자들에게 편지하노니"(1:1)

'신실한 자들'은 그리스도께 대한 신뢰와 충성을 겸비한 성도들을 비유하는 표현입니다(고전 4:17; 벧전 5:12; 요삼 1:5). 따라서 에베소 교인들에 대한 본절의 호칭은, 에베소 교인들이 하나님의 선택을 입은 성도일 뿐만 아니라 하나님의 은혜에 대한 믿음으로 응답(應答)한 자들임을 시사합니다(2:8). 이것은 '성도'라고 불리는 또 다른 그리스도인들의 별명입니다. 이 '신실한 자들'(헬, pistos)은 '믿는 자들', 혹은 '믿음직스러운 사람들'이라는 말입니다. 예수 안의 '신실한 자들'이란 '예수님을 믿는 자들', 또 '예수님을 믿어서 믿음직스러운 사람들'이라는 말입니다. 그러니까 그들이 에베소에서 살지만 '성도'라 불리움을 받는 것은 그들이 원래 다른 사람들보다 거룩해서가 아닙니다. 그들이 거룩하게 된 까닭은 그들이 '그리스도 안의 신실한 자들', 곧 '예수 그리스도를 믿는 자들'이 되었기 때문입니다. 성도의 별명은 '신실한 자'라고 할 수 있습니다.

신앙은 늘 진실해야 합니다. 거짓된 신앙은 아무리 훌륭해도 주님께서 기뻐하시지 않습니다. 마태복음 23장에 보면, 주님께서 "화 있을 진 저 외식하는 서기관과 바리새인들이여"(15) 하시며 몇 번씩 책망하셨습니다. 서기관과 바리새인들은 그 당시에 자타가 공인하는 가장 경건한 사람들이었습니다. 거룩하게 성경 구절을 옷에 써 붙이고 성경 두루마리를 가지고 다니면서 시장 어구의 많은 사람들이 보는 곳에서 기도하였습니다. 사람들은 그런 모습을 보고 존경했지만 예수님은 무섭게 책망하셨습니다. 그들의 행위가 위선이요, 이중 인격자였기 때문입니다. 신앙의 생명은 진실에 있습니다. 그러므로 예수를 믿는 사람들이 진실을 빼 놓으면 아무것도 아님을 알아야 합니다. 주님은 말씀하셨습니다. "너희는 세상의 소금이니 소금이 만일 그 맛을 잃으면 무엇으로 짜게 하리요 후에는 아무 쓸데없어 다만 밖에 버리워 사람에게 밟힐 뿐이니라"(마 5:13)

성도가 교회나 사회에서 신실성과 신용을 잃으면 맛을 잃은 소금과 같이 되어 오고 가는 사람들에게 짓밟히게 될 것입니다. 우리는 신실한 하나님의 백성, 성도로서의 삶을 살아갑시다.

3. 바울의 인사: 은혜와 평강

"하나님 우리 아버지와 주 예수 그리스도로 좇아 은혜와 평강이 너희에게 있을지어다"(1:2)

바울은 에베소 성도들을 향하여 특별한 축복을 기원하고 있습니다. 그는 이런 축복이 어디서 오는지를 바로 알았습니다. 축복은 '하나님 우리 아버지와 주 예수 그리스도로 좇아' 나왔습니다. 복의 근원은 하나님이십니다. 또 예수 그리스도이십니다. 그분으로부터 오는 축복이 진정한 축복이며, 진정한 은혜와 평강 역시 하나님 아버지와 주 예수 그리스도로부터 나옵니다. 바울은 하나님을 우리 아버지라고 불렀습니다. 하나님을 '우리 아버지', '나의 아버지'라고 고백하는 믿음이 진짜 믿음이요 축복을 받은 믿음입니다. 또 하나님을 '아버지', 예수님을 '주'라고 하였습니다. 이 두 가지는 다 필요합니다. 하나님을 '아버지'로 부르고 예수님을 '주님'이라고 하면서, 마치 큰 은혜를 입은 종과 같이 사는 사람이 참으로 축복을 받은 사람입니다. 하나님을 아버지로 가깝게 모시고, 또 예수님을 주로 섬기며 사는 우리가 되어야겠습니다. 그래서 그 하나님 아버지와 주 예수 그리스도로 좇아오는 모든 축복을 다 받는 저와 여러분이 되시기를 주님의 이름으로 기원합니다.

바울이 두 가지 축복을 기원합니다. 하나는 은혜이고 다른 하나는 평강입니다. 이 은혜와 평강은 우리가 하나님 아버지와 주 예수 그리스도로부터 얻는 가장 큰 축복입니다. 바울 서신을 공부하면 이런 구절이 자주 등장합니다. 갈라디아서 1장 3절, 빌립보서 1장 2절, 골로새서 1장 2절, 데살로니가전서 1장 1절, 데살로니가후서 1장 2절, 디모데전서·후서 1장 2절, 디도서 1장 4절, 빌레몬서 1장 3절 등 거의 모든 서신서에 기록되어 있습니다. 이것을 신학적으로는 바울의 독특한 인사 형태라고 말합니다. 그러나 여기에는 영적인 비밀이 담겨 있음을 알아야 합니다.

1) 은혜

'은혜' 란 값없이 주시는 선물입니다. 우리가 예수 그리스도를 믿어 성도가 되었으면 우리에게는 하나님 아버지와 주 예수 그리스도로 좇아 값없이 주어지는 선물이 있습니다. 그 선물은 구원입니다. "너희가 그 은혜를 인하여 믿음으로 말미암아 구원을 얻었나니 이것이 너희에게서 난 것이 아니요 하나님의 선물이라 행위에서 난 것이 아니니 이는 누구든지 자랑치 못하게 함이니라"(2:8-9) 구원은 은혜요 값없이 주어지는 하나님의 선물입니다. 그 선물은 믿는 자들, 즉 성도들에게 주어집니다.

2) 평강

평강에는 두 가지 개념이 있습니다.

① 고대의 로마 사람들이 주장했던 팍스(PAX)입니다.

기원전 1세기 말엽에 아우구스티누스(Augustus) 황제 시대부터 200년 간 계속된 로마의 평화에서 나온 말인데, 로마 사람들은 팍스 로마나(Pax Romana)라고 불렀습니다. 이 평화는 역사적으로나 철학적으로 많은 사람들이 생각해 왔으며 지금도 온 인류가 꿈꾸고 있습니다. 이 평화는 물질적이고 상대적이며 때로는 순간적인 것으로 힘에 의하여 이루어집니다. 많은 나라들이 경제력이나 정치력으로, 때로는 군사력으로 이 평화를 성취하려고 합니다. 이것은 진정한 평화가 아닙니다.

② 영적인 평화가 있습니다.

헬라어로 '에이레네'(εἰρήνη), 히브리어로는 '샬롬'(שׁלוֹם)이라고 말합니다. 이것은 예수님께서 말씀하시는 평화로 지극히 영적·종교적·개인적입니다. 이 평화는 하나님이 주시는 것으로 아주 신비적입니다. 이 평화는 Pax와는 근본적으로 다릅니다. 평강이란 은혜의 결과로 얻어지는 것으로 하나님과의 바른 관계로 말미암아 누리는 마음의 상태입니다. 로마서 5장 1절에 보면, "우리가 믿음으로 의롭다 하심을 얻었은즉 우리 주 예수 그리스도로 말미암아 하나님으로 더불어 화평을 누리자"고 하였습니다. 이런 화평을 누리면 환난 중에도 즐거워한다고 하였습니다. 그래서 예수님께서도 돌아가시기 전에 제자들에게 "평안을 너희에게 끼치노니 곧 나의 평안을 너희에게 주노라 내가 너희에게 주는 것은 세상이 주는 것 같지 아니하니라 너희는 마음에 근심도 말고 두려워하지도 말라"(요 14:27)고 말씀하셨습니다. 주님이 주신 평강으로 세상의 근심과 두려움을 이기라고 하셨습니다. 사도 바울도 "모든 지각에 뛰어난 하나님의 평강이 그리스도 예수 안에서 너희 마음과 생각을 지키시리라"(빌 4:7)고 말하였습니다. 우리가 이 세상에서 지켜야 할 것 가운데 첫째가 우리의 마음과 생각인데, 우리에게 하나님의 평강만 있으면 어떤 어려움 속에서도 그것을 지킬 수 있다는 말입니다.

세상 사람들은 심령이 평안하기를 원하고, 가정과 직장과 사회가 평안하기를 원합니다. 특별히 예수를 믿는 사람들은 세상에서 지치고 피곤한 삶에서 해방되어 예수님이 주시는 참 평안인 '샬롬'을 원합니다. 그래서 보다 가치 있고 의미 있는 삶을 살고 싶어합니다.

오늘 성경은 우리가 평화의 삶을 살아갈 수 있는 비결을 가르쳐 줍니다. 그것이 에베소서 1장 2절입니다. "하나님 우리 아버지와 주 예수 그리스도로 좇아 은혜와 평강이 너희에게 있을지어다"

3) 우리의 삶이 평안하게 되는 비결은 먼저 은혜를 받아야 합니다

누가복음 1장 28절의 말씀을 보면 훨씬 이해하기가 쉽습니다. 마리아가 성령으로 잉태했을 때 가브리엘 천사가 와서 말하는 장면입니다. "은혜를 받은 자여 평안할지어다"

은혜와 평안에는 반드시 순서가 있습니다. 항상 은혜가 먼저입니다. 아무리 큰 권력을 가지고 있어도, 아무리 박식하고 유식해도 그것이 평안을 가져다주지 못합니다. 성경에 나오는

부자 청년처럼 돈을 쌓을 곳이 없을 만큼 많이 가졌어도 그것이 평안을 가져다 주지 못합니다. 평안은 은혜를 받는데서 부터 시작됩니다. 그래서 우리의 삶이 평안해지면 은혜를 받는 것이 아니라 먼저 은혜를 받으면 삶이 평안해지는 것입니다. 언제든지 은혜와 평안의 순서가 바로 되어야 합니다.

우리는 하나님의 은혜로 구원받고 하나님의 은혜로 살아갑니다. 은혜를 나 중심으로 생각하면 안됩니다. 은혜를 베풀어 주시는 하나님 중심으로 생각해야 합니다. 하나님의 말씀이 옳으면 그것은 무조건 은혜가 되는 것입니다. 그래서 하나님의 은혜가 많으니 적으니 하면 안됩니다. 하나님의 은혜를 받지 못하는 사람은 한 사람도 없습니다. 하나님은 모든 피조물에게 은혜를 베풀어주셨기 때문에 한 사람도 그 은혜를 받지 못한 사람은 없다는 말입니다. 단지 은혜를 깨닫지 못하는 사람이 있을 뿐입니다. 그래서 은혜를 깨닫지 못하는 사람들에게 은혜를 받으라고 하는 것입니다. 그래서 '은혜를 받으라' 는 말은 '은혜를 깨달으라' 는 말과 같은 뜻으로 쓰인다고 할 수 있습니다. 우리는 이미 구원의 은혜를 받았으며 일반 은혜를 받으며 살아갑니다.

우리는 음식이나 사랑뿐 아니라 하나님의 은혜를 먹고사는 사람들입니다. 신앙생활은 높은 지위, 풍부한 학식, 재물로 하는 것이 아닙니다. 우리는 하나님이 주시는 은혜를 먹고사는 사람들입니다. 그러므로 은혜는 누구나 반드시 받아야 합니다. 그래야 신앙생활을 바로 할 수가 있습니다.

한국의 과학기술부장관도 한 바 있으며, 지금은 호서대학교 총장으로 재직 중인 정근모 장로님은 초등학교 6학년 때인 1951년에 처음으로 실시한 국가고시에서 전국에서 1등을 하였습니다. 경기중학교에 1등으로 입학하여 수석으로 졸업했고, 그 해 경기고등학교에 1등으로 입학했습니다. 그는 실력이 월등하게 뛰어나 넉 달만에 졸업하여 서울대학에 진학하게 되었습니다. 서울대학교 물리학과를 마치고 미국으로 가서 미시간 주립대학에서 석사 과정도 거치지 않고 박사학위를 2년 만에 취득하였습니다. 초등학교를 졸업한 지 10년만입니다. 그 후 63년에 플로리다대학의 조교가 되었고, 64년에 25세의 나이로 프린스톤대학의 핵융합 연구실의 연구원이 되었습니다. 그리고 66년에 MIT 공대에서 핵공학 연구원이 되고, 이어 미국 정부에서 핵융합 연구소를 창설하여 책임 연구원이 되었습니다. 이것이 지금의 '스타워즈'라고 하는 우주 전략 방어를 하는 연구소로 발전하게 된 것입니다. 미국의 일간지에서도 그를 계속 천재로 보도한 바 있습니다. 그러다가 69년에 닉슨이 대통령이 되면서, 한국을 물질적으로 돕는 것보다 교육적으로 돕는 것이 낫겠다 하여 인재를 양성하기로 마음먹었습니다. 그때 닉슨은 정근모 박사를 불러서 상의를 했고, 정 박사는 박정희 대통령과 상의하여 1971년에 카이스트(KAIST, 한국과학기술원)를 설립하였습니다. 그런데 이 분이 3년이 지난 후에

간염에 걸리게 되었는데, 그 무렵 미국에 있는 아들마저 만성 신장염이었습니다. 이 병은 매일 피를 교체해 주어야 합니다. 날이 갈수록 병은 점점 더 악화되었으며 수술을 하지 않으면 며칠 살지 못한다는 진단이 나왔습니다. 장로님은 아들에게 신장을 떼어주었습니다. 그러나 수술은 잘 되었지만 황달과 흑달이 오면서 더 이상 버틸 수가 없게 되었습니다. 약을 투여하면 간에 무리가 오고, 투여하지 않으면 신장에 이상이 왔습니다. 의사들이 최선을 다했지만 의학적으로나 과학적으로도 별다른 방법이 없었습니다. 인간의 방법으로는 별도리가 없다는 결론입니다. 이 소식을 들은 교회 권사님들이 정근모 박사 내외분을 교회에 모셔 와서 철야기도를 하면서 간절히 하나님께 매달렸습니다. 그렇게 신앙생활을 하는 중에 마음이 평안해지기 시작했습니다. 은혜를 받게 되자 기적이 나타났습니다. 아들이 점점 회복되어 드디어 완쾌되었습니다. 하나님께 매달려 기도하는 중에 은혜를 받고 변화되어 구원도 받고 하나님께 쓰임 받는 사람이 되었습니다. 이 분은 지금 전 세계를 다니며 간증으로 복음을 전합니다. 아들이 만성 신장염으로 고생할 때에는 출장을 갈 때에도 부부가 한 비행기에 탑승하지 못했다고 합니다. 왜냐하면 만일 비행기 사고로 부부가 다 세상을 떠나게 되면 아들의 뒷바라지를 할 수 없기 때문입니다. 그런데 하나님의 은혜를 깨닫게 되자 그런 두려움은 사라지고 마음에 평안이 찾아 왔습니다. 이제는 둘이서 함께 비행기를 타도 평안합니다. 은혜를 받은 후에 하나님이 주신 평안이 임했기 때문입니다.

성도는 은혜를 받아야 합니다. 은혜를 받아야 살고 은혜를 받아야 문제가 해결됩니다. 우리가 사는 이 세상에는 문제가 없는 곳이 없습니다. 너무도 많은 문제가 있습니다. 이 복잡하고 많은 문제를 어떻게 해결하시겠습니까? 팍스 로마나(Pax Romana)나 팍스 아메리카나(Pax Americana)와 같은 힘이나 권력이나 경제력으로 해결할 수 없습니다. 우리는 하나님이 주시는 은혜로 해결해야 합니다. 하나님이 주시는 은혜를 받으면 해결되지 못할 문제가 없습니다. 은혜로 해결해야 문제가 없고, 은혜로 해결해야 진정한 평안(샬롬)이 오게 됩니다.

우리는 거룩한 성도이며 예수 안에서 신실한 자로 살아가야 합니다. 그리고 우리는 오직 하나님의 은혜로 살아가는 성도, 하나님이 주신 참된 평화를 누리며 살아가는 성도가 됩시다. 바울의 인사가 함께 하시길 기원합니다. "하나님 우리 아버지와 주 예수 그리스도로 좇아 은혜와 평강이 너희에게 있을지어다"(1:2) 아멘.

³찬송하리로다 하나님 곧 우리 주 예수 그리스도의 아버지께서 그리스도 안에서 하늘에 속한 모든 신령한 복으로 우리에게 복 주시되 ⁴곧 창세 전에 그리스도 안에서 우리를 택하사 우리로 사랑 안에서 그 앞에 거룩하고 흠이 없게 하시려고 ⁵그 기쁘신 뜻대로 우리를 예정하사 예수 그리스도로 말미암아 자기의 아들들이 되게 하셨으니 ⁶이는 그의 사랑하시는 자 안에서 우리에게 거저 주시는 바 그 은혜의 영광을 찬미하게 하려는 것이라 ⁷우리가 그리스도 안에서 그의 은혜의 풍성함을 따라 그의 피로 말미암아 구속 곧 죄 사함을 받았으니 이는 그가 모든 지혜와 총명으로 우리에게 넘치게 하사 ⁹그 뜻의 비밀을 우리에게 알리셨으니 곧 그 기쁘심을 따라 그리스도 안에서 때가 찬 경륜을 위하여 예정하신 것이니 ¹⁰하늘에 있는 것이나 땅에 있는 것이 다 그리스도 안에서 통일되게 하려 하심이라 ¹¹모든 일을 그 마음의 원대로 역사하시는 자의 뜻을 따라 우리가 예정을 입어 그 안에서 기업이 되었으니 ¹²이는 그리스도 안에서 전부터 바라던 우리로 그의 영광의 찬송이 되게 하려 하심이라 ¹³그 안에서 너희도 진리의 말씀 곧 너희의 구원의 복음을 듣고 그 안에서 또한 믿어 약속의 성령으로 인 치심을 받았으니 ¹⁴이는 우리의 기업에 보증이 되사 그 얻으신 것을 구속하시고 그의 영광을 찬미하게 하려 하심이라

(에베소서 1:3-14)

02

신령한 복

세상에는 복의 종류도 많습니다. 그러나 성도의 참된 축복은

땅에 속한 것이 아니라 하늘에 속한 것입니다. 많은 사람들이 부귀영화를 누리는 것을 복으로 생각합니다. 그러나 성경은 부귀영화를 누리는 세속적인 복이 아니라 좀 더 높은 수준의 복을 말합니다. 바로 신령한 복입니다. 이 복은 세상에 있는 것이 아니라 하늘에 속한 것입니다. 사도 바울은 에베소 교회를 하나님의 풍성한 축복의 공동체로 인도하려는 열정을 가지고 있었습니다. 이것이 에베소서를 통해 선포되는 진정한 축복의 내용입니다.

그러면 우리 그리스도인들이 사모해야 할 하늘에 속한 모든 신령한 복은 어떤 것입니까? 우리는 본문 말씀을 통하여 이 신령한 복을 깨달아 누리는 은혜를 받아야겠습니다.

1. 하나님의 선택하심을 받은 것입니다

1) 창세 전에 선택하셨습니다

"곧 창세 전에 그리스도 안에서 우리를 택하사" (1:4)

하나님께서 우리를 선택하신 것은 창세 전부터 이미 예정되었다는 말입니다. 우리가 아직 태어나기 전에, 그리고 우리가 이 세상에서 선한 일이나 악한 일을 행하기도 전에 이미 하나님의 선택을 받았다는 말입니다. 그래서 로마서에서는 "아직 나지도 아니하고 무슨 선이나 악을 행하지 아니한 때에 택하심"(롬 9:11)이 되었다고 밝히고 있습니다. 얼마나 신비로운 일입니까? 우리가 태초부터 하나님의 자녀로 선택받은 것은 오직 하나님의 주권적인 역사임을 알 수 있을 뿐, 그 이유에 대하여는 설명할 수가 없습니다. 우리가 이 세상에 태어나기도 전에 창세 전에 하나님의 자녀로 선택받았다는 것은 너무도 큰 축복이 아닐 수 없습니다. 선택받은 것은 신령한 축복입니다.

2) 기쁘신 뜻대로 선택하셨습니다

"그 기쁘신 뜻대로 우리를 예정하사"(1:5)

하나님은 우리가 선하거나 그의 뜻대로 살았기 때문에 선택하신 것이 아닙니다. 하나님은 우리의 어떤 조건도 참고하지 않으시고 오직 그의 기쁘신 뜻대로 임의로 선택하셨습니다. 그러므로 하나님의 자녀로 선택을 받은 사람은 이 세상에서 가장 복된 사람입니다. 아무 공로도 없이 천지만물의 주재이신 하나님의 자녀가 되었기 때문입니다. 우리의 의지나 선택이 아니라 오직 하나님의 주권적인 은혜와 기쁘신 뜻대로 선택받았습니다. 이것이 성도만이 누릴 수 있는 신령한 축복입니다.

3) 그리스도 안에서 선택하셨습니다

"곧 창세 전에 그리스도 안에서 우리를 택하사"(1:4)

하나님께서 우리를 택하시되 '그리스도 안에서' 택하셨다고 하였습니다. 이것은 곧 그리스도께서 십자가에서 피를 흘리시며 죽어 주신 공로로 우리가 선택을 받았다는 말입니다. 우리는 아무 공로가 없지만 오직 그리스도께서 우리 모든 인류를 위하여 속죄 제물이 되어 죽어 주신 그 '사랑 안에서' (1:4), '예수 그리스도로 말미암아' (1:5) 우리가 하나님의 아들들이 되게 하셨습니다. 따라서 성도의 진정한 축복은 사람에게서가 아니라 '그리스도 예수 안에서' 시작됩니다. 에베소서 1장은 '그리스도 안에서'라는 말씀을 유난히 강조하고 있습니다. 어떤 것도 그리스도 밖에서는 의미가 없다는 뜻입니다. 건강, 물질, 지식, 세상의 어떠한 지위라도 그것이 그리스도 밖에서는 의미가 없음을 우리는 믿어야 합니다. 하나님께서 우리를 그리스도의 은혜 안에서 하나님의 무조건적인 사랑으로 우리를 선택하신 것은 놀라운 일입니다. 이 하나님의 놀랍고도 영광스러운 구원의 사역이 '그리스도 안에서' 이루어졌습니다.

우리가 미국으로 가고자 하면 미국행 비행기에 탑승하면 목적지인 미국에 도착하게 되어 있습니다. 왜냐하면 그 비행기는 미국에 도착하도록 이미 예정된 비행기이기 때문입니다. 그런데 내가 미국까지 가기 위해서는 미국행 비행기 안으로 들어가야 합니다. 마찬가지로 내가 예수 그리스도를 나의 구주와 주님으로 믿을 때 우리는 이미 그리스도 안에 있는 선택받은 백성임을 알 수 있습니다. 그것은 '그리스도 안에서, 하나님의 사랑 안에서'만 가능합니다. 그리스도 안에 있다는 것이야말로 신령한 축복입니다.

4) 그 앞에 거룩하고 흠이 없게 하시려고 선택하셨습니다

"그 앞에 거룩하고 흠이 없게 하시려고"(1:4)
하나님은 우리를 '그 앞에 거룩하고 흠이 없게 하시려고' 선택하셨습니다. 우리는 장차 '거룩하고 흠이 없는 존재'로 주님 앞에 서게 될 것입니다. 죄악 가운데 있던 자들을 거룩한 존재로 만들어 하나님 앞에 서게 하시기 위하여 선택하셨습니다.

믿음의 조상 아브라함도 원래 우상을 만들어 팔던 이방 제사장 데라의 아들이었습니다. 아브라함은 선택을 받을 만한 아무런 가치가 없는 사람이었습니다. 그러나 하나님은 그를 선택하셔서 믿음의 조상으로 삼으시고 크게 축복하셨습니다. 하나님은 그를 거룩하고 흠이 없게 하시려고 선택하시고 부르셨습니다. 하나님이 우리를 선택하신 것 역시 '거룩하고 흠이 없는 하나님의 자녀'로 삼기 위해서입니다. 이것은 우리의 힘으로 되지 않습니다. 오직 성령의 도우심으로 가능합니다. 성경은 말씀합니다. "너희 속에 착한 일을 시작하신 이가 그리스도 예수의 날까지 이루실 줄을 우리가 확신하노라"(빌 1:6) 이것이 신령한 축복입니다.

2. 그리스도의 피로 구속함을 받은 것입니다

"그의 피로 말미암아 구속 곧 죄 사함을 받았으니"(1:7)
 죄 사함의 축복입니다. 구약시대에는 짐승을 죽여 그 피로 인간의 죄를 속죄하였습니다. 이스라엘 백성들은 다섯 가지 종류의 제사를 드렸습니다. 그 중에 세 가지가 죄를 범했을 때 하나님께 용서를 구하는 제사였습니다. 즉 속죄제, 속건제, 화목제입니다. 하나님 앞에 드려지는 그 속죄의 제사에는 반드시 살아 있는 짐승을 잡아서 그 피를 제단에 뿌려야 했습니다. 우리의 죄 때문에 죄가 없는 양떼들이 죽어 가는 것입니다. 죄 사함의 제사를 드릴 때마다 짐승이 죽어야 했습니다. 그것이 구약의 제사였습니다. 이 짐승의 피는 후에 오실 예수 그리스도의 피를 예표한 것입니다. 주님의 십자가가 우리에게 중요한 이유가 여기 있습니다. 피 흘림이 있었기에 속죄함이 있고, 피 흘림이 있었기에 우리가 자유함을 얻은 것입니다. 예수 그리스도의 십자가에서 흘린 피로 우리는 모든 죄를 사함 받게 되었습니다. 이 땅에서 가장 필요한 것은 그리스도의 피였습니다. 이 피가 없이는 인간은 죄에서 용서받을 수가 없기 때문에 "피 흘림이 없은즉 사함이 없느니라"(히 9:22)고 말씀합니다. 그리스도의 피는 이 세상에서 그 무엇과도 바꿀 수 없는 가장 고귀한 것입니다. 우리가 죄 값으로 영원히 지옥의 형벌을 받아야 하지만 우리를 대신해서 주님께서 그 형벌을 대신하여 받으셨으니 주님의 은혜가 감사한 것입니다. 우리가 그리스도께 입은 사랑의 빚은 우리가 평생을 갚아도 도저히 갚을 수 없을 만큼 막대한 것입니다. 주님은 우리에게 소망과 생명을 주신 분입니다. 만일 주님의 십자가의 피 흘리심이 없었다면 이 세상은 절망 속에서 영원한 파멸만 있을 것입니다. 그러나 우리는 예수님의 십자가의 피 공로로 영원한 나라를 상속받았습니다. 이것이 바로 우리가 받은 신령한 복입니다. 예수 그리스도의 십자가의 피로 죄 사함을 받아 구원받은 것보다 더 큰 복은 없습니다. 죄 사함을 받은 백성의 마음은 평안합니다. 두려움이 사라집니다.

미국의 어느 도시에 남매가 살고 있었습니다. 누나의 이름은 메어리이고 남동생의 이름은 존이었습니다. 시골에서 농장을 경영하는 할머니로부터 주말에 놀러 오라는 편지가 왔습니다. 남매는 다음 날 아침 일찍이 출발하여 할머니의 농장에 도착하게 되었습니다. 미리 준비해 놓은 점심을 먹은 후, 존은 작은 아버지로부터 선물로 받은 고무총을 가지고 놀기 위하여 조그만 돌을 주머니에 가득 넣었습니다. 그리고 여기저기 다니며 나뭇가지에 앉아 있는 새도 쏘아보고, 전선 끝에 앉아 있는 새도 쏘아보았습니다. 그러나 오전 내내 한 마리도 잡지 못하였습니다. 맥이 빠져서 돌아오는데 할머니 댁의 뜰에서 오리 새끼 한 마리가 뒤뚱뒤뚱 거리며 걸어나왔습니다. 이 오리는 할머니가 애지중지 기르는 것이었습니다. 존은 '내가 저 대가리를 맞춰 보리라' 생각하고 총부리를 오리 쪽을 향하여 쏘았습니다. 그런데 오전 내내 맞지 않던 고무총이 그 오리 대가리를 명중하여 오리가 그 자리에서 '픽' 하고 쓰러졌습니다. 존은 할머니가 아끼는 오리를 죽였으니 덜컹 겁이 났습니다. 주위를 둘러보아도 아무도 보이지 않았습니다. 그래서 죽은 오리를 안고 큰 나무 아래에 묻고 흙으로 덮은 후, 아주 자연스럽게 떨어진 나뭇잎을 덮어놓고 다시 한번 둘러보았지만 아무도 보는 사람이 없었습니다. 그러나 죽은 오리 생각만 하면 두렵고 할머니를 만나기도 싫었습니다. 저녁 식탁에 앉아도 입맛이 떨어졌습니다. 할머니를 뵙기도 두렵고 눈길이 마주칠까봐 시선도 피하였습니다. 할머니는 걱정스러운 낯으로 "낮에는 점심을 잘 먹더니 어찌 저녁에는 밥맛이 없냐? 어디 아픈 곳은 없냐?"며 걱정을 하십니다. "아프지 않아요. 그리고 많이 먹었어요"라며 대답을 우물거렸습니다. 식사 후에 누나가 존을 부릅니다. "존, 누나하고 설거지를 좀 할까?" "설거지야 여자가 하는 거지 남자가 하는 건가?" 그때 누나가 와서 존에게 귓속말을 합니다. "낮에 오리를 죽여서 어떻게 했지? 만일 설거지를 하지 않으면 할머니에게 이를 테야." 이 말을 듣자 겁을 먹은 존은 자질구레한 것까지 다 할 수밖에 없었습니다. 밤에 잠자리에 누웠지만 눈만 감으면 할머니가 눈을 부릅뜨고 "이놈, 너 내 오리 죽였지." 하며 욕을 하시는 것도 같고, 나무 밑에 숨겨 놓은 죽은 오리가 살아날 것도 같았습니다. 도무지 싱숭생숭해서 잠을 잘 수가 없었습니다. 밤새 그러다가 새벽녘에 결단을 내렸습니다. '할 수 없지. 내가 이렇게 고생하고 두렵게 사는 것보다 사실을 직고해서 할머니에게 다 말씀드리고 용서를 받든지, 매를 맞든지, 쫓겨나든지 할머니의 처분을 기다릴 수밖에 없다' 고 생각하였습니다. 그리고 2층 계단을 올라가 할머니의 방을 노크했습니다. 그런데 할머니는 새벽 일찍 일어나 침대에 기대어 기도하시는 중이었습니다. 존은 할머니를 보자 눈물이 쏟아져 "할머니…" 하며 계속 울었습니다. 할머니는 "무슨 얘기든 다 해라. 무슨 일이든지 하나도 탓하지 않을 것이다." 존은 어제 오후에 있었던 일들을 사실대로 얘기하였습니다. "할머니, 잘못했어요. 할머니 처분만 기다리겠어요. 용서해 주세요." 이 말을 듣고 있던 할머니가 손자인 존을 꼭 안으며 "존, 아무 염려 마라. 난 네가 이렇게 찾아와서 말하니까 얼마나 기쁜지 모른단다. 사실 어제 오후에 내가 2층 문을 열고 방 청소를 하다가 네가 오리를 죽여서 나무 밑에 숨기는 것을 봤단다. 그리고 존이 저녁을 먹지 못하는 이유도 짐작했지. 누나에게 쩔쩔매면서 설거지를 하는 이유도 내가 알았어. 그래서 오늘 일찍 일어나서 존이 회개하여 착한 아이가 되게 해 달라고 하나님께 기도하던 중이야. 네가 돌아왔으니 됐단다. 이제 아무 염려 말아라. 내가 다 용서했단다." "할머니 정말이에요? 용서하는 거예요?" "아무렴, 내가 약속하마. 이젠 맘을 놓아라." 이때 존은 얼마나 기쁘고 담대해졌는지 모릅니다. 마음이 아주 평안해졌습니다. 이젠 할머니를 대하기가 편

했고 누나가 조금도 두렵지 않았습니다. 밥도 맛있게 먹었습니다. 아침 식사 후에 누나가 또 불렀습니다. "존, 설거지 좀 할까?" "못해." 누나는 이번에도 귓속말로 얘기합니다. "너 하지 않으면 할머니에게 다 이를 테야." "마음대로 해." 죄를 용서 받은 존은 담대하였습니다.

오늘날 공부를 많이 한 사람들 중에도 죄의 종이 된 사람들이 많습니다. 높은 지위에 있거나 많은 돈을 가진 사람들 중에도 죄의 종이 되어 마귀에게 질질 끌려 다니는 사람들이 많습니다. 아직도 죄의 사슬에 매어 죄의 종노릇을 하시는 분이라면 누구든지 온전히 회개하고 예수를 믿으면 하나님께서 우리의 모든 죄를 사해 주시고 마음의 평화를 주실 줄을 믿습니다.

사도행전에 보면 죄 용서함을 받으면 하늘로부터 유쾌하게 되는 날이 임한다고 하였습니다. 죄 사함을 받기 전에는 평화가 없습니다. 그러나 죄 사함을 받으면 장래에 대한 바른 생각을 가지게 됩니다. 우리 마음 속에 죄를 그대로 품고 있을 때는 앞이 캄캄할 뿐입니다. 그것은 죄인이 갈 곳은 없기 때문입니다. 그러므로 절망과 낙망뿐입니다. 그러나 죄 사함을 받게 되면 장래에 대한 소망이 생깁니다. 죄 사함을 받은 사람은 하나님의 축복의 언약이 있습니다. 우리 앞에는 천국이 마련되어 있습니다. 죄의 값은 사망이지만 그리스도 예수 안에 있는 하나님의 은혜는 영생입니다(롬 6:23).

그러면 우리가 어떻게 죄 사함을 받을 수 있습니까? 그것도 오늘 주신 말씀 가운데 분명히 가르쳐 주십니다. "그의 피로 말미암아 구속, 곧 죄 사함을 받았으니"(1:7) '그의 피'는 예수 그리스도의 피, 즉 예수 그리스도의 고난을 의미합니다. 예수 그리스도께서 십자가에서 고난을 받으신 것은 우리가 죄 사함을 받는 기초가 됩니다. 하나님께서 우리의 죄를 사하여 주신 객관적인 조건이 됩니다. 로마서 3장 25절에도 "예수를 하나님이 그의 피로 인하여 믿음으로 말미암는 화목 제물로 세우셨으니 이는 하나님께서 길이 참으시는 중에 전에 지은 죄를 간과하심으로 자기의 의로우심을 나타내려 하심이니 곧 이때에 자기의 의로움을 나타내사 자기도 의로우시며 또한 예수 믿는 자를 의롭다 하려 하심이니라"고 말씀합니다. 우리가 그의 피, 다시 말하면 예수 그리스도의 피로 인하여 의롭다 하심을 얻었다는 말씀입니다. 히브리서 9장 22절에도 "피 흘림이 없은즉 사함이 없느니라"고 말씀합니다. 그러므로 이 큰 신령한 복을 받은 우리는 예수님의 피의 복음, 구원의 복음을 전하며 살아야 합니다. 여기에만 소망과 생명이 있기 때문입니다.

  헨델이 질병과 파산으로 절망 속을 헤매고 있었습니다. 그는 이제 자기에게는 더 이상 미래가 없다는 생각을 하게 되었습니다. 그러자 살고 싶은 생각도 사라졌습니다. 그는 너무나 삶이 고통스러워 성경책을 펼쳤습니다. "그는 멸시를 받아서 사람에게 싫어 버린 바 되었으며 간고를 많이 겪었으며 질고를 아는 자라"(사 53:3) 헨델은 이 구절에 이르자, 주님의 십자가의 고통과 사랑이 온 몸에 전달되어 오면서 벅찬 감동을 받게 되었습니다. 그는 그 자리에서 한참을 통곡한 다음, "오! 나의 고통과 나의 절망을 다 겪으신 분, 주님은 과연 나의 구세주이십니다"라고 외쳤다고 합니다. 그러자 그의 머리 속에는 아름다운 선율이 벅찬 감동으로 울려 퍼지는 것을 느끼게 되었는데, 이것을 정리한 것이 유명한 「메시아」입니다.

우리 주님은 우리에게 소망과 생명을 주신 분입니다. 만일 주님의 십자가의 피 흘리심이 없었다면 이 세상은 절망 속에서 영원한 파멸만 있을 것입니다. 그러나 우리는 예수님의 십자가의 피 공로로 영원한 하늘나라를 상속받았습니다. 그러면 우리도 예수님의 이 피의 복음을 전하며 살아야 합니다. 여기에만 소망과 생명이 있기 때문입니다.

평생을 중국 선교에 헌신하다가 무서운 병으로 순교한 모리슨(H. C. Morrison) 선교사가 체험한 일화입니다. 그가 언젠가 아프리카를 방문하고 뉴욕으로 돌아오는 길에 우연히 루스벨트 대통령과 같은 배를 타게 되었다고 합니다. 그때 루스벨트 대통령은 휴가를 맞아 아프리카에서 사냥을 하고 돌아오는 길이었습니다. 그 배가 목적지인 뉴욕에 도착하자 수많은 인파가 대통령을 환영하였고 군악대의 연주가 힘차게 울려 퍼졌습니다. 드디어 대통령이 자기가 잡은 짐승을 높이 치켜들고 의기양양하게 모습을 드러내자 환호성은 하늘을 찌를 듯하였습니다. 사람들은 루스벨트의 이름을 연호 했고, 그는 마치 큰 전쟁에서 승리하고 돌아오는 개선장군 같았다고 합니다. 그만큼 루스벨트는 국민들에게 많은 사랑을 받는 대통령이었습니다. 이 광경을 지켜보면서 대통령의 뒤를 따라 내리던 모리슨의 마음 속에 갑자기 쓸쓸한 생각이 들었습니다. 대통령에게는 이렇게 많은 환영 인파가 나왔는데 자기를 환영해 주는 사람은 아무도 없었기 때문입니다. 그러나 그때 주님의 음성이 마음을 스치고 지나갔습니다. "너는 20년 간이나 내 십자가를 지지 않았느냐? 내가 그것을 알고 있다. 그러나 너는 아직 고향에 도착하지 않았다." 그때 모리슨 선교사는 십자가의 행진이야말로 가장 값진 삶이라는 것을 확신할 수 있었다고 합니다.

주님의 용서에는 피 흘림의 희생이 있었습니다. 주님의 그 사랑을 실천하기 위하여 이제 우리에게 요구되는 것은 희생입니다. 우리가 무엇을 위하여 살아야 할 것인지에 대한 근본적인 질문이 되는 것입니다. 모두 열심히 바쁘게 살아 온 우리에게 주님은 이렇게 질문하실 것입니다. "무엇을 위하여 그렇게 많은 땀을 흘렸느냐?" 열심히 돈을 벌었지만 육신의 정욕을 위하여, 나의 탐심을 채우기 위해서였다면 그것은 아무 의미가 없습니다.

우리는 지금까지 세상 풍습을 좇는 일과 세상적인 일에 너무 얽매여 살아왔습니다. 사탄에게 종노릇을 하면서 끌려 다녔습니다. 이제 죽을 수밖에 다른 방법이 없는 우리에게 주님은 자신의 생명을 주심으로써 우리를 다시 살리신 줄 믿으시기 바랍니다. 피 흘림이 없이는 용서가 없습니다.

  로키산맥에 '무릎 꿇는 나무' 라는 이름을 가진 특이한 나무가 있습니다. 로키산맥은 중서부 캐나다에서부터 캘리포니아까지 길게 뻗친 엄청나게 큰 산맥입니다. 해발 2,000미터 이상에서만 자라는 '무릎 꿇는 나무'는 강한 바람과 혹독한 추위 때문에 위로 똑바로 자랄 수가 없어, 땅에 엎드려서 옆으로 자라기 때문에 붙여진 이름입니다. 그런데 그 나무를 베어다가 바이올린을 만들면 아주 훌륭한 명품이 되는데, 베니어로 붙여 만든 연습용 악기와는 비교가 되지 않습니다. 그 나무로 만들면 아름다운 소리가 나는 이유는 그 나무가 온갖 풍상을 다 견디어 왔기 때문입니다. 단단한 재질 속에서 울리는 공명은 많은 사람들을 감동시키기에 충분합니다.

  피 흘림이 없이는 용서함도 없습니다. 혹독한 추위와 매서운 바람을 견디는 수고가 없으면 꽃을 피울 수 없습니다. 주님의 십자가의 피 흘리심이 우리를 영생의 길로 인도하셨듯이, 모든 성도들의 작은 수고와 섬김을 통해 마침내 주님께서 "내가 너희를 사랑한 것 같이 너희도 서로 사랑하라"는 그 사랑을 완성하는 진정한 공동체가 되기를 주의 이름으로 기원합니다.

3. 은혜의 영광을 찬송하는 것입니다

"그의 은혜의 영광을 찬미하게 하려는 것이라"(1:6), "그 안에서 너희도 진리의 말씀 곧 너희의 구원의 복음을 듣고 그 안에서 또한 믿어 약속의 성령으로 인 치심을 받았으니 이는 우리의 기업에 보증이 되사 그 얻으신 것을 구속하시고 그의 영광을 찬미하게 하려 하심이라"(1:13-14)

이 말씀 속에서 중요한 네 개의 단어는 '듣고, 믿어, 인 치심, 보증' 입니다. '듣고, 믿어, 인 치심을 받고 보증을 받았다' 는 말입니다. 우리가 복음을 듣고, 그리고 어느 순간에 믿어지고 복음이 깨달아집니다. 복음의 주인이신 예수 그리스도, 우리의 죄를 짊어지시고 죽으셨다가 장사한 지 사흘만에 부활하신 예수 그리스도를 나의 구원의 주님으로 믿어야 합니다. 그래서 듣는 것은 매우 중요합니다. 믿음은 들음에서 나며, 들음은 그리스도의 말씀을 들을 때 믿음이 생김으로써 구원을 얻게 되는 것입니다.

우리가 예수 그리스도를 나의 구주로 시인하는 순간 성령께서는 인을 치시고 보증하십니다. 인을 치셨다는 말씀은 '너는 영원히 내 것'이라고 주님이 도장을 찍으시는 것을 말합니다. 이렇게 인을 치신 것은 변함이 없습니다. 주님의 재림의 날까지 안전합니다. 설혹 내가 약해서 실족할지라도 하나님이 우리 아버지가 되시고 내가 하나님의 자녀 됨에는 전혀 문제 될 것이 없다는 말입니다.

집을 매매하려고 계약하게 되면 보증금을 지불합니다. 이처럼 '보증' 이라는 것은 다 지불했다는 의미가 아닙니다. 보증은 주는 것의 시작입니다. 내가 예수를 믿고 축복 받은 하나님의 자녀가 되었다는 보증으로 성령님이 우리 마음 속에 들어오시는 것입니다. 예수를 믿는 순간 우리 속에 성령님이 들어오심으로 영의 사람이 되게 하신 것입니다. 우리가 구원받은 하나님의 자녀라는 것을 확실하게 보장해 주시는 분이 성령님이란 말입니다.

'찬미하게 하려' 고 선택하셨습니다. 우리를 선택하신 분은 성부 하나님이십니다. 우리는 선택의 신령한 축복을 받았습니다. 우리를 구원해 주시기로 선택한 주체는 내가 아니라 전적으로 성부 하나님이셨다는 말입니다. 구원은 단순히 나의 노력이나 행동에서 시작된 것이 아닙니다. 전적으로 하나님께서 나에 대한 구원 계획을 세우시고 하나님이 먼저 나를 찾아오심으로 이 구원의 영광스러운 사역이 시작되었습니다. 이것이 놀랍고도 신령한 축복입니다. 내가 다른 사람보다 더 낫다거나 훌륭하지 못해도 하나님께서 그 영광스러운 계획 가운데 나를 사랑하셔서 하나님의 자녀로 삼으셨다는 것은 놀라운 축복이 아닐 수 없습니다. 그러므로 우리는 주님을 찬양해야 합니다.

'우리에게 거저 주시는 바' 가 은혜입니다. '대가 없이 주어지는 것' 을 은혜라고 합니다. 은혜는 돈을 주고 사는 것이 아니라 값없이 우리에게 거저 주시는 것입니다.

그런데 그토록 귀한 은혜를 우리에게 거저 주시는 이유는

'그 은혜의 영광을 찬미하게 하기 위해서' 입니다. 하나님은 이 것을 기대하시기 때문에 자기 백성에게 은혜를 주시면서 까지 주를 찬양하라고 하십니다. 그래서 우리가 은혜를 받아야 찬송과 감사의 생활이 열리게 됩니다. 우리 같이 천한 것들을 거룩하고 흠이 없게 하시고, 하나님을 찬미하게 하시려는 것이 하나님의 목적입니다. 우리는 우리의 삶을 통해서 그 무엇보다 하나님을 찬양하기 위하여 더 많은 수고와 봉사를 해야 합니다. 이제 우리의 전 인생을 주님을 위하여 바쳐야 합니다. 그것이 이 세상에서 가장 큰 축복을 받고 은혜를 입은 자의 마땅한 도리일 것입니다.

21세기 영성의 거목 '헨리 나우엔'은 하버드대에서 교수생활을 하며 나름대로 인생의 보람을 느끼며 살아왔으나 참 기쁨과 만족이 없었습니다. 하지만 그가 모든 이들의 부러움의 상징인 교수직을 버리고 캐나다의 지체장애인 공동체 'Daybreak'에서 섬김의 삶을 시작하면서부터 비로소 주님을 만날 수 있었습니다. 그는 이렇게 고백합니다. "내가 위로만 향하여 살 때에는 하나님을 만날 수 없었는데, 아래로 내려가는 삶을 살면서부터 주님을 만날 수 있었다."

선택받은 하나님의 백성은 주님을 찬미할 수 있는 축복을 받은 사람들입니다. 선택받은 하나님의 백성인 우리는 주님을 찬양하며 살아야 합니다. 이것이 세상 사람들이 모르는 신령한 복입니다. 그리스도 안에서 우리를 택하신 주님의 은혜에 감사하며 주님을 영원토록 찬양하는 신령한 복을 누리는 성도가 됩시다.

근대 식민지 개척시대에 아프리카를 개척한 두 명의 영국 출신의 탐험가가 있었습니다. 한 명은 세실 로오드(Cecil Rhodes)이고 다른 한 명은 데이비드 리빙스턴(David Livingstone)입니다. 이들은 다같이 영국의 탐험가로 아프리카에서 활동하였지만 전혀 상반된 길을 걷게 되었습니다. 로오드는 남아프리카에서 소위 황금전쟁(Boar War)을 일으켰던 사람입니다. 그는 아프리카의 원주민을 수십 만 명이나 학살하고, 황금과 다이아몬드 등 각종 좋은 것들을 영국으로 빼돌림으로써 위대한 영웅이요 애국자로 찬사를 받았습니다. 그러나 리빙스턴은 아프리카에 가서 조국인 영국의 침략정책을 반대하고, 노예제도와 원주민 압제를 비판하고 투쟁함으로 그 당시 권력자들로부터 조국을 저버린 배반자로 평가받게 되었습니다. 하지만 이들 두 탐험가에 대한 오늘날의 평가는 그 당시와 전혀 다릅니다. 로오드라는 이름은 잊혀지고 그의 무덤조차 찾을 길이 없는 반면, 리빙스턴은 영국인들뿐만 아니라 전 세계인의 사랑과 존경을 받게 되었습니다. 그의 시신은 영국이 배출한 위대한 역사적 인물들만이 묻히는 웨스트민스터 교회 지하에 안치되어 지금도 관광객들의 참배가 끊이지 않고 있습니다. 이 두 사람은 같은 시대에 같은 장소에서 살았지만 그들의 다른 가치관으로 후대로부터 전혀 다른 평가를 받게 되었습니다. 사람은 가치관을 어디에 두고 사느냐에 따라 전혀 다른 삶을 살게 됩니다.

우리는 신령한 복을 받은 사람들입니다. 선택받고 죄 사함을 받아 영원히 주님을 찬양하는 신령한 복을 받은 거룩한 백성들입니다. 이 신령한 복을 매일 확인하고 누리며 증거하는 삶을 살아가는 성도가 됩시다. 아멘.

> ⁷우리가 그리스도 안에서 그의 은혜의 풍성함을 따라 그의 피로 말미암아 구속 곧 죄 사함을 받았으니 ⁸이는 그가 모든 지혜와 총명으로 우리에게 넘치게 하사 ⁹그 뜻의 비밀을 우리에게 알리셨으니 곧 그 기쁘심을 따라 그리스도 안에서 때가 찬 경륜을 위하여 예정하신 것이니 ¹⁰하늘에 있는 것이나 땅에 있는 것이 다 그리스도 안에서 통일되게 하려 하심이라 ¹¹모든 일을 그 마음의 원대로 역사하시는 자의 뜻을 따라 우리가 예정을 입어 그 안에서 기업이 되었으니 ¹²이는 그리스도 안에서 전부터 바라던 우리로 그의 영광의 찬송이 되게 하려 하심이라
>
> (에베소서 1:7-12)

03

그리스도 안에서 은혜의 풍성함

에베소서에서 '그리스도 안에'(in christ)란 말은 무려 30회나 나옵니다. 그리고 에베소서 1장에는 11회나 기록되어 있습니다. 그래서 에베소서의 별명을 '그리스도 안'의 서신이라고 부르기도 합니다. 에베소서를 기록한 사도 바울 자신이 철저

한 '그리스도 안에' 복을 체험한 사람입니다. 바울 자신이 그리스도 밖에 있던 자였지만 그리스도 안에 들어왔을 때 비로소 새 사람으로 변하였습니다. 그리고 바울은 '그리스도 밖에서' 멸시와 핍박의 포악한 죄인이었지만 '그리스도 안에' 들어 왔을 때 회개와 복종의 사명자가 되었습니다. 그는 그리스도 안에서 은혜의 풍성함을 받았다고 고백합니다.

우리도 사도 바울과 똑같은 죄인들이었지만 그리스도 안에서 은혜의 풍성함을 받은 자가 되었습니다. '그리스도 안에서 은혜의 풍성함', '풍성한 은혜'가 있습니다. '은혜의 풍성함'은 바울이 자주 사용하는 단어입니다. 여기 '풍성함'이란 하나님께서 성도들에게 베푸신 은혜의 대가가 얼마나 엄청난 것인가를 보여주는 말입니다. 하나님의 구원 역사는 그리스도 안에서 풍성한 은혜로 나타났습니다. 그러면 '그리스도 안에서 은혜의 풍성함'은 무엇입니까?

1. 죄 사함입니다

"그의 피로 말미암아 구속 곧 죄 사함을 받았으니"(1:7)
그리스도 안에서 은혜의 풍성한 복은 바로 죄 용서함을 받은 것입니다. 이것은 주 예수님의 십자가의 피로 말미암아 이루어졌습니다. 그리스도의 피 흘리심은 두 가지 효력을 동시에 갖게 합니다. 첫째, 구속(救贖)입니다. '죄 값을 대신 지불함으로써 이뤄진 석방' 입니다. 둘째, 사(赦)함입니다. 용서로 인한 자유와 해방을 말합니다. '구속'(救贖)이란 단어는 값을 지불하고 구했다는 말입니다. 속량금을 주고 어떤 사람을 종의 상태에서 해방시켰다는 뜻인데, 종이 된 인간 스스로는 자신을 구원할 수가 없습니다. 그러나 죄는 반드시 대가를 지불해야 합니다. 우리의 조상 아담이 죄를 지어 죄에 팔렸습니다. 당연히 아담의 자손인 모든 인류가 죄 아래 놓이게 되었습니다. 그러면 얼마의 속전을 지불해야 구속함을 받아 자유의 몸이 되겠습니까? 얼마나 많은 짐승을 제물로 드려야 속전이 될 수 있겠습니까? 하나님께는 소 천 마리나 양 만 마리, 아니 이 세상에 있는 모든 짐승을 다 제물로 드린다 해도 인간의 깊고 더러운 죄에 대한 속전이 될 수 없습니다. 인간의 힘과 방법으로는 도저히 불가능합니다. 아무리 돈이 많아도 해결할 수 없습니다. 이 세상에는 인간의 힘으로 할 수 있는 것도 있지만 할 수 없는 것도 많습니다.

전 삼성그룹의 회장 고 이병철씨는 재벌이었으므로 그의 생전에 돈으로 할 수 있는 것이 많았습니다. 그러나 그는 돈으로도 안 되는 것 세 가지가 있었다고 말하였습니다. 첫째는 골프였습니다. 아무리 훈련해도 몇 타 이상은 안 되었다고 합니다. 둘째는 자식 농사였습니다. 자녀들이 기대하는 만큼 잘 자라지 못했던 것입니다. 셋째는 '미원'을 무너뜨리는 일이었습니다. 그때 '미원'을 무너뜨리기 위하여 '미풍'을 만들어 대대적인 광고를 했지만 '미원'을 따라잡지는 못하였습니다.

그러나 그가 몰랐던 중요한 한 가지가 더 있습니다. 그것은 모든 인간을 얽매고 있는 죄의 사슬에서 절대로 벗어날 수 없다는 것입니다. 돈으로도, 힘으로도, 깊은 사색으로도, 많은 종교적 노력으로도 결단코 죄의 사슬과 죄가 이끄는 죽음과 죄의 결과인 영원한 심판에서 자유로울 수 없습니다.

그런데 우리는 그리스도 안에서 예수의 피로 죄 사함을 얻고 구속함을 받았습니다. 이것이 은혜입니다. 그리스도 안에 있는 풍성한 은혜입니다. 우리는 그리스도 안에서 무서운 죄악의 사슬에서 해방되는 은혜를 얻었습니다. 하나님은 인간이 할 수 없는 것을 하십니다. 하나님은 자신의 아들을 세상에 보내셨습니다. 예수님은 인간이 갚을 수 없는 속전으로 자신의 생명을 주셨습니다. 인간의 노력이나 수고로, 또는 수많은 짐승의 제물로도 치를 수 없는 속전을 하나님의 아들이신 어린 양 예수님의 생명으로 지불하신 것입니다.

죄가 없으신 예수님께서 가장 흉악한 죄인의 모습으로 십자가에서 돌아가신 것은 우리의 죄 값을 치르시기 위해서입니다. 하나님의 아들이 갈보리산 십자가에서 저주를 받으신 것은 우리가 갚을 수 없는 속전을 대신 지불하신 것입니다. 이사야 선지자는 예수님의 십자가의 구속 사건을 이렇게 예언했습니다. "그가 찔림은 우리의 허물을 인함이요 그가 상함은 우리의 죄악을 인함이라 그가 징계를 받음으로 우리가 평화를 누리고 그가 채찍에 맞음으로 우리가 나음을 입었도다 우리는 다 양 같아서 그릇 행하여 각기 제 길로 갔거늘 여호와께서는 우리 무리의 죄악을 그에게 담당시키셨도다"(사 53:5-6)

오늘 본문 7절에서도 "우리가 그리스도 안에서 그의 은혜의 풍성함을 따라 그의 피로 말미암아 구속 곧 죄 사함을 받았으니"라고 선언합니다. 어떤 죄인도 예수 안에서 죄 사함을 받고 구원을 얻을 수 있습니다. 십자가의 강도, 세리 삭개오, 간음하는 현장에서 잡힌 여인도 예수 안에서 그의 피로 죄 용서함을 받았습니다. 주님 앞에 나오는 자는 누구든지 용서함을 받습니다. 그래서 그리스도 안에서 은혜가 풍성하다고 말씀하는 것입니다.

한국 사회를 떠들썩하게 하는 탈옥수 신창원의 탈주 메모가 인터넷(Internet)에 올라왔습니다. 그가 무기형을 선고받고 복역하던 중 감옥에서도 문제수로 특별 구분되어 교도소 네 곳을 거쳐서 '청송 제2교도소'란 곳으로 이감(移監)되었습니다. 그곳으로 가기 전 신창원은 대전에서 특별교육을 받았습니다. 이 교육은 30Kg의 모래주머니를 어깨에 메고 하루 3시간씩 8주 동안 받는 훈련입니다. 그런데 만일 이 모래주머니를 떨어뜨리면 사정없이 발로 짓밟으며 몽둥이로 내려친다고 합니다. '청송 제2교도소'에서의 생활은 하루 종일 감방 안에서 정좌(正坐)하고 있어야 하며, 간수가 감방 앞을 지나갈 때면 정좌한 상태에서 이마가 땅에 닿도록 절을 해야 한다고 합니다. 하루 15분 간의 운동시간이 있는데, 이 시간은 간수에게 불려가서 죽도록 얻어맞는 시간이라고 합니다. 그리고 영하 15도의 추위에도 난방이 되지 않는 곳에서 잠을 자야 하는데, 얼굴이 시려 잠이 들지 않을 정도라고 합니다. 그래서 수건으로라도 얼굴을 감싸고 잠을 청하려고 하는 날이면 어김없이 끌려나가 반쯤 죽을 정도로 맞는다고 합니다. 그는 이런 비인간적인 생활이 죽기보다 싫어 탈옥을 계획하게 되었습니다. 그의 말에 의하면, 탈옥을 위한 허점(虛點)을 찾기 위하여 5년, 이 허점을 이용하여 탈옥을 실행에 옮기는데 까지 3개월이 걸렸다고 합니다. 못을 구하여 칼을 만들고 그 칼로 감방의 창살 두 개를 절단하는데 2개월을 보냈습니다. 하지만 그 창살 사이가 너무 좁아 몸이 빠져나가기가 쉽지 않아 음식을 거의 먹지 않으면서 감량을 했다고 합니다. 될 수 있는 한 몸을 홀쭉하게 하려고 감방을 빠져나올 때는 팬티 하나만 입고 탈출하였습니다. 5미터 높이의 담이 세 개가 있고 망대 위에 감시자가 있었지만, 그는 한 개의 담을 넘는데 불과 5초를 넘기지 않았기 때문에 발각되지 않았습니다. 그의 탈출기는 유명한 빠삐온(papillon)이나 몽테크리스토 백작을 연상시킵니다. 한 마디로 인간의 자유를 향한 갈구(渴求)가 얼마나 큰지를 실감나게 합니다. 무기수로서 자유가 억압된 삶을 사느니 차라리 사살되더라도 제한적인 자유(自由)라도 누려보고자 하는 마음이 그 가운데 있습니다. 그는 체제에 대한 고발 형식으로 된 그의 메모 끝 부분에, '나를 산 채로 잡고자 한다면 그것은 오산이며, 그 때에는 더욱 큰 피해가 날 것'이라고 경고합니다. 그러면서 차라리 자신을 발견하면 사살하라고 합니다. 결코 살아서 그 몸서리치는 감옥으로 들어가는 일은 절대 없을 것이라고 장담합니다. 그는 1년 남짓한 기간 동안 누리는 현재의 제한적 자유를 즐기며, 완전한 자유를 향한 또 다른 탈주를 계획하고 있다며 자신의 근황까지 소개합니다. 그는 자신의 자유를 위하여 5년 남짓한 세월과 목숨을 담보로 하였습니다. 그의 탈옥은 선악을 떠나서 자신의 자유를 향한 도피였습니다. 그러나 그는 결국 체포되어 다시 자유를 잃게 되었습니다.

우리는 영적으로 사단의 감방에 갇혔던 사단의 죄수였습니다. 우리의 힘이나 재주로는 죄악의 포로에서 결코 해방을 얻을 수 없습니다.

그런데 하나님은 우리를 죄악 가운데서 구원하시기 위하여 우리를 대신하여 놀라운 계획을 세우셨습니다. 아담과 하와의 타락 이후에 하나님은 곧장 그 계획을 세우셨습니다. 그리고 사단이 눈치채지 못하도록 그 계획을 실행할 시기를 비밀로 하셨습니다. 그리고 그 계획을 실천함으로써 한동안 인간에게 잃어버렸던 참 자유를 회복시켜 주시기 위하여 아들의 목숨을 담보(擔保)로 하셨습니다.

누구든지 그리스도 예수를 구주로 영접하면 '그의 풍성한 은혜'에 모든 죄를 씻고 새 사람으로 다시 태어날 수 있습니다. 사실 성도들을 구원하시는 이 역사는 하나님께서 이루신 경이적인 사건입니다. 하나님은 우리의 죄 문제를 해결하시려고 엄청난 대가를 지불하셨습니다. 하나님께서 지불하신 대가는 은이나 금과 같은 보석이 아닙니다. 예수 그리스도의 피로 우리를 구속하셨습니다. 하나님께서 천지 만물을 지으신 것은 없는 가운데서 모든 것들을 있게 한 것이므로 인간이 측량할 수 없는 큰 이적이지만, 우리를 구속하신 이 역사는 이보다 더욱 놀라운 기적입니다. 천지 만물을 지으실 때에는 주님이 영광의 보좌를 내놓으셨거나 사람의 몸을 입고 낮아지셨거나 십자가의 고난과 같은 희생도 없으셨습니다. 단지 말씀만으로 일하셨습니다. 그러나 우리를 죄에서 구원하시기 위해서는 주님 자신을 우리에게 주신 바 되었습니다. 하나님께서 이것을 이루시는데 억지로 하심이 아니라 자원하심으로 이루셨습니다. 우리가 이 은혜를 받았습니다. 이것이 그리스도 안에 은혜의 풍성함입니다.

우리는 그리스도의 풍성한 은혜를 누리고 있습니까? 그리스도를 영접하셨다는 분들 중에 그리스도 안에서의 풍성하고 놀라운 사랑의 은혜에 대하여 무감각한 분들을 보게 됩니다. 성경은 말씀합니다. "영접하는 자 곧 그 이름을 믿는 자들에게는 하나님의 자녀가 되는 권세를 주셨으니"(요 1:12) 이처럼 크고 풍성한 선물인 '그리스도의 속죄의 피' 은혜를 받고도 그 기쁨을 모른다는 것은 참으로 슬픈 일입니다. 우리는 이제 하나님의 자녀로서의 권세를 누려야 합니다. 우리는 이제 죄악에서 완전히 해방되었습니다.

우리는 그리스도 안에서 풍성한 은혜를 받은 사람입니다. 그리스도의 피의 풍성한 은혜를 받아 죄로부터 자유 하는 기쁨을 가지시기 바랍니다.

2. 지혜와 총명입니다

"이는 그가 모든 지혜와 총명으로 우리에게 넘치게 하사" (1:9)

그리스도인들은 하나님께서 은혜의 풍성함으로 주신 '지혜'와 '총명'을 통해서 하나님의 뜻의 비밀을 알게 됩니다. '비밀' (뮈스테리온, $\mu\upsilon\sigma\tau\eta\rho\iota o\nu$)은 '단순히 숨겨져 있는 사실'을 가리키는 것이 아니라 '이미 밝혀진 신비'를 의미합니다(골 1:27). 즉 전에는 감추어져 있다가 지금은 그리스도를 통하여 밝혀진 진리의 중요성을 시사해 주는 표현입니다(Cole). 신약 전체에 걸쳐 언급되는 '비밀'은 ①감취었다가 밝혀진 진리를 가리키며(Cole), 더 나아가 ②세상의 모든 사람들에게 알려야 할 신비로 나타납니다. 구체적으로 이 '비밀'은 그리스도 안에서 성취하신 하나님의 구원 계획을 의미합니다(9-10; 3:3-10; 5:32; 6:19). 그리스도 안에서의 풍성한 은혜를 말합니다. 사도 바울이 지혜와 총명을 말하는 것은 ①당시 에베소 교회의 교인들을 미혹하던 거짓 선지자들의 거짓된 교훈을 분별하게 하기 위함이며(Calvin) ②지혜와 총명은 하나님의 선물이지만 갈고 닦으며 계속 사용해야 유용한 것임을 교훈하기 위함입니다(Bruce).

'그 뜻의 비밀을 우리에게 알리셨으니' 란 말씀은 그리스도인들이 하나님께서 은혜의 풍성함으로 주신 '지혜'와 '총명'을 통해서 하나님의 뜻의 비밀을 알게 된다는 말입니다. 하나님의 구원 계획은 유대인과 이방인을 그리스도 안에서 구별 없이 하나로 통일되게 하는 것으로, '바울'이나 사도들에게 뿐 아니라 유대인이나 이방인 모두에게 알려졌습니다.

"곧 그 기쁘심을 따라 그리스도 안에서 때가 찬 경륜을 위하여 예정하신 것이니"(1:9) 본절은 하나님의 뜻의 비밀에 대한 설명입니다. '때'에 해당하는 헬라어 '카이론'($καιρον$)은 하나님의 어떤 목적이 이루어지는 '결정적인 시간'을 가리킵니다. 또한 '경륜'(오이코노미안, $οικονομιαν$)의 문자적 의미는 '집안의 관리', 혹은 '집안 관리자의 직분' 입니다(고전 4:1-2; 9:17; 딛 1:7; 벧전 4:10). 본절에서 '오이코노미안'($οικονομιαν$)은 '하나님께서 자기 백성과 만물을 위하여 모든 일들을 계획하고 지배하며 관리하신다' 는 의미로 사용되었습니다(Cole). 따라서 '때가 찬 경륜을 위하여 예정하신 것' 은 하나님께서 그리스도 안에서 역사적으로 실행하시고자 한 구속 계획을 가리킵니다. 이것은 하나님께서 그의 기쁨을 위하여 비밀을 드러내고자 세심하게 계획을 세우셨습니다. 바로 그리스도 안에서 풍성한 은혜를 말합니다. 지혜와 총명은 인생을 풍부하게 합니다. 우리가 세상을 살아갈 때에 지혜와 총명함이 있어야 합니다.

어느 어머니가 자녀를 위하여 빵을 만들었는데 겉은 잘 익었지만 속은 잘 익지 않았습니다. 그래서 어떻게 하면 속까지 잘 익힐 수 있을까 생각하다가 가운데를 텅 비게 했습니다. 이렇게 해서 생긴 것이 도넛입니다. 이런 것이 지혜와 총명입니다. 과학을 발전시키고, 기술을 향상시키고, 삶에 필요한 여러 도구들을 만들어 내는 것도 인간의 지혜와 총명입니다. 사업도 잘 되는 것이 있는가 하면 잘 되지 않는 것도 있는데, 잘 되는 사업을 지혜롭게 운영해서 많은 재물을 모으는 것도 지혜와 총명입니다.

한 뱃사공이 손님을 태우고 강을 건너게 되었습니다. 손님은 자기의 지식을 아주 위대한 것으로 생각하는 사람이었습니다. 그 손님이 사공에게 말하였습니다. "이보게 뱃사공. 자네는 철학이 무엇인 줄 아는가?" "제가 철학을 어떻게 알겠습니까?" "이런, 인생을 헛살았구먼! 그 나이에 아직도 철학을 모른단 말인가!" 한참을 가던 배가 갑자기 뒤집혔습니다. 이때 사공이 손님에게 말하였습니다. "당신은 수영을 할 줄 아십니까?" "나는 수영을 못한다네." "이런 인생을 헛살았구먼! 그 나이에 아직도 수영을 할 줄 모른단 말입니까?" 물에 빠졌을 때는 철학을 아는 것보다 수영을 할 줄 하는 것이 더 중요합니다.

우리가 인생을 살아가는데 있어서 돈을 잘 벌 줄 알고, 권력을 움켜쥐고 인생을 멋지게 즐길 줄 아는 지혜와 총명보다 영생을 얻는 지혜와 총명이 더 소중합니다. 우리가 알아야 할 가장 중요한 지혜와 총명은 인생의 본질에 관한 것입니다. 우리 인생이 어디에서 왔다가 어디로 가며, 어떻게 살아야 하는지를 아는 것입니다. 아무리 많은 지식과 지혜가 있어도 예수 안에 있는 구원을 모르면 소용이 없습니다. 사람의 노력으로 얻어지는 지혜와 총명으로는 영생을 얻을 수 없습니다. 예수님도, 천국도, 하나님도 알 수 없습니다. 아무리 공부를 많이 해서 지식이 많아도 예수님과 천국은 알 수도 이해할 수도 없습니다.

가이샤랴 빌립보에서 예수님이 제자들에게 물었습니다. "사람들이 인자를 누구라 하느냐"(마 16:13) 사람들은 어느 누구도 예수님을 몰랐습니다. 드디어 제자들에게도 물었습니다. 그러면 "너희는 나를 누구라 하느냐"(마 16:15) 그때 시몬 베드로가 위대한 신앙고백을 합니다. "주는 그리스도시요 살아 계신 하나님의 아들이시니이다"(마 16:16) 예수님은 이어 말씀하셨습니다. "네가 복이 있도다 이를 네게 알게 한 이는 혈육이 아니요 하늘에 계신 내 아버지시니라"(마 16:17)

예수님을 그리스도로 믿고 이해할 수 있는 사람은 참으로 놀라운 지혜와 총명의 축복을 받은 사람입니다. 이것은 하나님께서 내려주신 참된 지혜요 총명입니다. 이것은 하나님의 백성들에게만 주신 비밀입니다. 그리스도 안에 있는 자들에게만 주신 하나님의 지혜요 총명입니다.

예수님을 어떻게 그리스도로 알고 이해할 수 있습니까? 만약 예수에 대해 공부를 해서 예수님이 '그리스도' 이심을 깨달아 이해할 수 있다면 그 수가 얼마나 되겠습니까? 예수 그리스도를 아는 지혜와 총명은 하늘로부터 내려옵니다. 사도 바울은 말합니다. "하나님의 지혜에 있어서는 이 세상이 자기 지혜로 하나님을 알지 못하는고로 하나님께서 전도의 미련한 것으로 믿는 자들을 구원하시기를 기뻐하셨도다"(고전 1:21) 과학, 철학, 공학으로도 풀 수 없는 것이 하나님의 지혜인 예수 그리스도입니다. 겸손한 마음으로 그리스도를 영접하는 자에게만 주시는 축복입니다(고전 1:22-24). 이것이 그리스도 안에서의 풍성한 은혜입니다. 이 구원의 비밀을 아는 성도는 기뻐하고 즐거워하며 풍성한 은혜를 누리며 삽니다. 이것이 하나님이 주신 지혜와 총명입니다. 이 지혜를 가진 사람은 자유를 누립니다.

아무리 기능이 뛰어난 훌륭한 신제품 컴퓨터를 선물로 받았어도 컴퓨터에 대해 모르는 사람은 아무 쓸모가 없을 것입니다. 컴퓨터를 바라볼 때마다 화가 나고 답답하기만 할 것입니다. 그러나 컴퓨터에 대한 지혜와 총명이 있으면 놀라운 기계의 능력을 마음껏 활용하며 즐기게 될 것입니다. 많은 즐거움과 놀라운 정보와 놀라운 세계를 맛보게 될 것입니다.

마찬가지로 예수의 비밀을 모르는 사람들에게 예수 그리스도를 말하면 화를 내며 신경질을 부리는 이유가 그들에게는 하나님이 주신 지혜와 총명이 없기 때문입니다. 예수를 믿는 것을 싫어하며 핍박하는 이유가 바로 하나님의 지혜와 총명이 그들에게 없기 때문입니다. 그러므로 우리는 이 놀라운 비밀을 전해야 합니다. 가장 위대한 지혜와 총명, 그리고 비밀은 바로 그리스도이십니다. "이 비밀은 너희 안에 계신 그리스도시니"(골 1:27) 이 비밀은 배워서 알 수 있는 것이 아닙니다. 예수님에 대한 비밀을 깨닫는 열쇠가 하나님으로부터 내려와야 합니다. 이것이 성령으로 주신 지혜와 총명입니다. 이 지혜와 총명을 우리에게 넘치도록 부어 주시는 분이 바로 그리스도이십니다.

우리는 예수님 안에 영생과 천국이 있고 평안과 기쁨이 있음을 잘 압니다. 그래서 예수 그리스도 한 분만으로 만족할 수 있습니다. 그리스도 안에 풍성한 은혜를 아는 성도는 기쁨으로 섬기고 희생하며 주님을 따릅니다. 감사함으로 주의 교회를 위하여 봉사하며 충성합니다. 지혜와 총명을 누리는 사람은 예수 그리스도를 위하여 아낌없이 투자합니다. 그리고 그리스도를 가장 존귀한 분으로 섬기고 사랑하며 전합니다.

찬송가 102장입니다.

1. 주 예수보다 더 귀한 것은 없네 이 세상 부귀와 바꿀 수 없네
   영 죽을 내 대신 돌아가신 그 놀라운 사랑 잊지 못해
2. 주 예수보다 더 귀한 것은 없네 이 세상 명예와 바꿀 수 없네
   이전에 즐기던 세상 일도 주 사랑하는 맘 뺏지 못해
3. 주 예수보다 더 귀한 것은 없네 이 세상 행복과 바꿀 수 없네
   유혹과 핍박이 몰려 와도 주 섬기는 내 맘 변치 못해

후렴) 세상 즐거움 다 버리고 세상 자랑 다 버렸네
   주 예수보다 더 귀한 것은 없네 예수 밖에는 없네

주 예수보다 더 귀한 것은 없습니다. 예수 그리스도 안에 풍성한 은혜와 생명과 영생이 있고, 그리고 진정한 복이 있습니다. 그리스도 안에서 우리는 죄 사함을 받았습니다. 그리스도 안에 지혜와 총명이 있습니다. 예수 그리스도 안에 있는 영원한 생명을 얻는 것은 비밀입니다. 아멘.

⁷우리가 그리스도 안에서 그의 은혜의 풍성함을 따라 그의 피로 말미암아 구속 곧 죄 사함을 받았으니 ⁸이는 그가 모든 지혜와 총명으로 우리에게 넘치게 하사 ⁹그 뜻의 비밀을 우리에게 알리셨으니 곧 그 기쁘심을 따라 그리스도 안에서 때가 찬 경륜을 위하여 예정하신 것이니 ¹⁰하늘에 있는 것이나 땅에 있는 것이 다 그리스도 안에서 통일되게 하려 하심이라 ¹¹모든 일을 그 마음의 원대로 역사하시는 자의 뜻을 따라 우리가 예정을 입어 그 안에서 기업이 되었으니 ¹²이는 그리스도 안에서 전부터 바라던 우리로 그의 영광의 찬송이 되게 하려 하심이라 ¹³그 안에서 너희도 진리의 말씀 곧 너희의 구원의 복음을 듣고 그 안에서 또한 믿어 약속의 성령으로 인 치심을 받았으니 ¹⁴이는 우리의 기업에 보증이 되사 그 얻으신 것을 구속하시고 그의 영광을 찬미하게 하려 하심이라

(에베소서 1:7-14)

그리스도 안에서 통일

우리는 그리스도 안에서 풍성한 은혜를 받았습니다. 즉 예수 그리스도의 피로 말미암아 구속을 받아 죄 용서함의 은혜를

받았습니다. 그 결과 하늘에 있는 것이나 땅에 있는 것이 다 그리스도 안에서 통일을 이루게 되었습니다. 에베소서에는 커다란 두 개의 줄기가 있는데 그 중의 하나는 '그리스도 안'이라는 개념, 즉 그리스도 안에서 무엇이든지 이루어진다는 것입니다. 또 하나는 시종일관 '통일, 일치, 하나됨'을 추구하고 있습니다. 그런데 10절에는 이 두 개념이 다 들어 있습니다. '그리스도 안에서 통일되게 하려는 일'은 성령의 사역으로, 우리의 믿음의 공동체 안에서 미래적으로 이루어지는 사건입니다. 에베소서에 의하면 하나님의 나라는 하나됨의 나라입니다. 조화와 화해의 나라이며 평화와 공존, 그리고 화해와 일치의 나라입니다.

1. 그리스도 안에서 하나로 통일될 수 있습니다

"하늘에 있는 것이나 땅에 있는 것이 다 그리스도 안에서 통일되게 하려 하심이라" (1:10)

하나님은 사람을 만드시고 함께 사셨습니다. 하나님은 온 세상을 하나로 지으셨습니다. 태초의 에덴동산은 통일을 이루고 있었습니다. 아담과 하와 부부는 하나였습니다. 에덴동산의 모든 동·식물도 하나였습니다. 무엇보다 하나님과 인생이 하나였습니다. 그런데 에덴동산에 사탄을 통하여 죄가 들어오자 통일은 무너지고 말았습니다. 부부 사이에 분열이 일어나고 인간과 자연 사이에 분열이 일어났습니다. 자연과 자연 사이에도 분열이 일어났습니다. 그리고 하나님과 인간 사이에 분열이 일어났습니다. 죄를 지은 사람은 하나님과 원수가 되어 하나님을 등지는 어둠의 생활을 하기 시작하였습니다. 하나님과 하나됨을 잃고 영원한 죄와 사망 가운데 빠졌습니다. 하늘과 땅이 분리되고 천국과 지옥이 분리되었습니다.

이 땅위에 분열과 다툼과 갈등이 나날이 심화되고 있습니다. 인종간의 갈등과 국가간의 갈등으로 전쟁의 포화가 멈출 날이 없습니다. 우리나라는 남북이 분열되어 있습니다. 남북한이 평화통일을 이루려고 노력하지만 쉽지 않습니다. 노사간의 갈등이 심화됩니다. 부부의 이혼율이 갈수록 심각합니다. 형제간과 부모와 자녀 간에도 갈등이 있습니다. 이 시대는 분열과 분쟁의 아귀다툼으로 고통하는 시대입니다. 교회도 분리되어 수많은 교단이 생겼습니다. 남아프리카 공화국이 350년 만에 백인 통치 시대의 막을 내리고 흑인 지도자 만델라를 대통령으로 선출하였습니다. 흑인 대통령 만델라는 미 흑인 인권운동가 마틴 루터 킹 목사의 표현을 빌어, "전능하신 하나님 감사합니다. 우리는 드디어 해방입니다"라고 외쳤다고 합니다. 진정 한국과 일본이 하나가 되고, 남과 북이 진정한 통일을 이루기는 어려울 것입니다. 남한 내에서도 지역간의 갈등이 심각합니다. 계층간의 갈등이 심각하고 세대간의 갈등과 이념간의 갈등이 심각합니다. 노사간의 갈등과 교총과 전교조간의 갈등이 있습니다. 그리고 친미와 반미와의 갈등은 심각한 상태입니다. 하나가 되는 것은 우리 인간의 힘으로는 불가능합니다.

이라크 전쟁 때에 미국을 비방하는 일에 앞장섰던 프랑스와 독일이 지금은 미국으로부터 호감을 얻으려고 호들갑입니다. 서로가 필요로 하니 전망이 밝습니다. 그러나 이권 관계가 나타나면 또 반목하게 될 것입니다. 이라크 전쟁을 두고 볼 때 각국의 계산은 다 따로 있었다고 볼 수 있습니다. 미국이 이라크를 공격하는 것은 세계의 평화를 위해서라고 하였습니다. 프랑스와 독일, 러시아가 이 전쟁을 반대한 이유도 마찬가지입니다. 그들은 유엔의 승인이 없어서라기보다 미국이 주도하는 세계 재편을 용납하지 못하는 유럽의 자존심 때문이 아닐까 생각하는 사람들이 많았습니다. 그러나 결국은 돈이었습니다. 유엔 무기사찰단이 이라크에서 열심히 대량 살상무기를 찾던 1월, 미국은 이미 딕 체니 부통령이 회장으로 있던 핼리버트라는 회사에 이라크 유정 복구권을 주었다는 사실이 뒤늦게 밝혀졌습니다. 무기가 나오거나 말거나 미국은 전쟁을 할 속셈이었습니다. 특혜 시비가 일어 이 계약은 중단됐지만, 이번엔 조지 슐츠 전 국무장관이 사장으로 있었고, 최고 경영자인 현 대통령의 무역 자문위원인 벡텔사가 조용히 전후 복구사업을 따냈습니다. 이들 업체는 집권당의 강력한 돈줄이었습니다. 정(政)·경(經)·군(軍) 복합체가 이라크전을 얼마나 간절히 원했었는지 그 이유를 알만 합니다. 이라크의 기름을 팔아 엄청난 복구비용으로 충당되는 것은 당연합니다. 물론 프랑스와 독일, 러시아도 결백하지 않은 것은 마찬가지입니다. 그들이 전쟁을 반대한 큰 이유는 이라크의 주요 채권국으로 석유장사를 도맡아 왔기 때문입니다. 영국 '더 타임스'에 따르면, 유엔의 경제제재 하에 진행되는 석유·식량 프로그램은 노다지 장사였다고 합니다. 그런데 러시아는 여기서 흘러나오는 돈 중에서 가장 많이 차지했다고 합니다. 이 프로그램의 주거래 은행 소속국은 바로 프랑스였습니다. 그러니 프랑스는 미국이 승전하자 복구사업의 밥상에 끼어 들겠다고 러브콜을 보낼 수밖에 없었습니다. 그러나 결국 프랑스는 거부당하고 따돌림을 당하다가 응징을 당할 처지입니다. 그러면 정당한 전쟁인지 아닌지를 판단하는 '도덕의 전당'처럼 보였던 유엔은 어떠합니까? 유엔 역시 깨끗하지 않다는 것이 드러나고 있습니다. 석유·식량 프로그램에서 행정처리비 명목으로 떼어 내는 막대한 커미션의 쓰임새에 대해서는 극비사항이라고 미국 '뉴욕 타임스'는 소개하였습니다. 1년 전부터는 코피 아난 사무총장이 석유를 팔아 들여 올 수 있는 품목을 구체적으로 명시하지 않도록 허용한 덕분에 온갖 호화 사치품이 수입되어 사담 후세인 일가와 지배층은 한층 호사스러운 생활을 할 수 있었습니다. 반전을 외친 민간인들 역시 모두가 순수한 것은 아닙니다. 할리우드 스타 팀 로빈스나 수전 서랜던은 물론 아카데미

상 시상식에서 조지 W 부시 대통령을 공개 비난한 영화감독 마이클 무어도 반미운동 덕에 돈방석에 앉았다고 워싱턴 포스트는 전하고 있습니다. 그렇다면 누가 진짜 약탈자인지 머리가 어지러워집니다. 제 조상 무덤을 파듯 제 나라 박물관까지 약탈하는 이라크인들을 보면서 인간 본성에 대해 절망한 것도 사실이었습니다. 그런데 이제 보니 휘황찬란한 대통령궁에 앉아 제나라 백성을 쥐어짜던 후세인이 약탈자인지, 전쟁에 혈안이 되었거나 결사 반대를 했던 강대국이 약탈자인지, 아니면 국익이나 인도주의라는 미명 뒤에서 사익을 좇아 온 사회 지도층이 약탈자인지 모르겠습니다.

우리는 선과 악을 구별할 수 없는 혼돈과 분열의 시대에 살고 있습니다. 정치 논리와 경제 논리 앞에서는 참된 통일을 이루기가 어렵습니다. 분열을 일으키는 것은 죄입니다. 죄 때문에 모든 것이 분리되었습니다. 그러나 하나님은 그리스도 안에서 하나로 통일되게 하셨습니다. 죄로 말미암아 무질서하고 혼란스러운 상태에 있는 것을 이제 그리스도 안에서 하나가 되도록 하셨습니다.

"그 뜻의 비밀을 우리에게 알리셨으니 곧 그 기쁘심을 따라 그리스도 안에서 때가 찬 경륜을 위하여 예정하신 것이니 하늘에 있는 것이나 땅에 있는 것이 다 그리스도 안에서 통일되게 하려 하심이라"(1:9-10) '하늘에 있는 것'은 영적인 세력을 가리킵니다. 이런 영적인 것들은 '땅에 있는 것'과 연합되어 통일성을 이루어 갑니다. 이런 사실은 바울이 21-22절에서 밝히는 바와 같이 하늘에 있는 영적 세력이나 땅에 있는 것, 즉 모든 만물이 그리스도에게 복종하게 됨을 시사합니다.

하나님은 인간이 타락하자 애통하는 마음으로 분열된 하늘과 땅, 그리고 분열된 세상을 하나로 모으려는 계획을 세우셨습니다. 그 계획은 그리스도 안에서 하나가 되는 것이었습니다. 이것이 하나님이 그리스도 안에서 예정하신 경륜입니다. 하나님은 인간의 구원 계획인 경륜을 이루시기 위하여 때를 정하셨습니다. 바로 이 때가 되자 하나님은 그리스도 예수를 이스라엘의 베들레헴에 태어나게 하셨습니다. "때가 차매 하나님이 그 아들을 보내사 여자에게서 나게 하시고"(갈 4:4) 예수님은 하늘과 땅을 하나로 연결하는 다리이십니다. 예수 그리스도를 통하여 하나님과 하나가 될 수 있습니다. "예수께서 가라사대 내가 곧 길이요 진리요 생명이니 나로 말미암지 않고는 아버지께로 올 자가 없느니라"(요 14:6) 예수 그리스도 안에서 더 이상 이스라엘과 이방인의 구별이 필요 없게 되었습니다. 그리스도 안에서 유대인과 이방인을 통일시켜 교회 안에서 하나가 되게 하셨습니다. 교회 안에는 여러 종류의 사람들이 있으나 그리스도 안에서 하나로 통일되는 축복을 누릴 수 있습니다.

진정한 통일은 그리스도 안에서만 가능합니다. 예수 그리스도의 십자가의 피로 구속함을 받은 성도는 그리스도 안에서 하나로 통일을 이룰 수 있습니다. 아무리 생각과 성격이 다르고 다른 환경에서 성장했어도 예수 그리스도 안에서 우리는 하나가 되었습니다. "우리 강한 자가 마땅히 연약한 자의 약점을 담당하고 자기를 기쁘게 하지 아니할 것이라 우리 각 사람이 이웃을 기쁘게 하되 선을 이루고 덕을 세우도록 할지니라" (롬 15:1-2), "하늘에 있는 것이나 땅에 있는 것이 다 그리스도 안에서 통일되게 하려 하심이라" (1:10)

우리 모두 주 예수 그리스도 안에서 하나를 이루어 가는 성도와 교회가 됩시다.

2. 그리스도 안에서 기업이 됩니다

"모든 일을 그 마음의 원대로 역사하시는 자의 뜻을 따라 우리가 예정을 입어 그 안에서 기업이 되었으니" (1:11)

"기업이 되었으니" (에클레로데멘, $\dot{\epsilon}\kappa\lambda\eta\rho\dot{\omega}\theta\eta\mu\epsilon\nu$)는 '제비를 뽑아 지정하다', 혹은 '기업이 되다' 라는 의미의 동사 '클레로오' ($\kappa\lambda\epsilon\rho o\omega$)의 단순 과거 수동태입니다. 우리가 하나님의 기업이 된 것이 우리의 공로나 노력에 의한 것이 아님을 시사합니다. 왜냐하면 하나님은 '모든 일을 그 마음의 원대로 역사하시는 자' 이시기 때문입니다. 이것은 우리가 단순히 하나님께 어떤 기업을 받는다는 것보다 훨씬 더 많은 의미가 내포되어 있는 것으로 하나님의 소유가 되었음을 의미합니다. 하나님은 자신의 주권적인 뜻대로 우리를 선택하시고 소유하셔서 자기의 기업을 주실 뿐만 아니라 계속해서 보호하며 돌보십니다.

하나님은 그리스도 안에서 하늘에 속한 모든 신령한 복을 주셨습니다. 그 복은 우리를 하나님의 아들로 삼으시고, 그 아들에게 아버지의 비밀한 뜻을 알게 하신 것입니다. 이전에 어느 세대와 누구에게도 주시지 않았던 지혜와 총명을 넘치게 주셔서 때가 찬 하나님 아버지의 경륜을 알게 하셨습니다. 그 비밀한 뜻은 하늘에 있는 것이나 땅에 있는 것이나 만물이 그리스도 안에서 통일되게 하는 것입니다. 이제 때가 찬 경륜, 즉 하늘에 있는 것이나 땅에 있는 것이나 다 그리스도 안에서 하나가 되게 하는 일을 우리가 기업으로 받았습니다. "모든 일을 그 마음의 원대로 역사하시는 자의 뜻을 따라 우리가 예정을 입어 그 안에서 기업이 되었으니"란 말씀은 구약의 이스라엘에게 기업을 주신 것을 알면 쉽게 이해할 수 있습니다. "여호와께서 그 모든 나라 백성을 너희 앞에서 다 쫓아내실 것이라 너희가 너희보다 강대한 나라들을 얻을 것인즉 너희의 발바닥으로 밟는 곳은 다 너희 소유가 되리니 너희의 경계는 곧 광야에서부터 레바논까지와 유브라데 하수라 하는 하수에서 서해까지라 너희 하나님 여호와께서 너희에게 말씀하신 대로 너희 밟는 모든 땅 사람들로 너희를 두려워하고 무서워하게 하시리니 너희를 능히 당할 사람이 없으리라"(신 11:23-25) 이방 신을 섬기는 이방 족속을 가나안 땅에서 다 쫓아내고 여호와 하나님을 섬기는 백성으로 통일을 이루는 것을 이스라엘에게 기업으로 주셨습니다. 이스라엘이 이와 같이 여호와의 명령을 순종하면 가나안 땅에서의 생명이 장구하고, 풍성한 소산물로 생명을 누리며, 이방 모든 나라가 두려워 떨 것입니다. 이렇게 하시려고 하나님은 이스라엘을 자기 기업으로, 자기 소유로 삼으셨습니다.

이스라엘 백성들에게서 '기업' 이란 약속의 땅 가나안으로 들어가 각 지파별로 분배받은 땅을 의미합니다. 하나님이 주신 약속의 땅, 젖과 꿀이 흐르는 행복한 나라를 의미합니다. 이 기업을 받을 수 있는 자는 오직 아브라함의 자손들인 이스라엘의 12지파에 속한 사람들뿐입니다. 그들은 하나님의 약속에 의하여 가나안 땅을 분배받을 권리가 있었습니다. 이 약속의 땅 가나안은 '천국' 의 모형이므로, 하나님이 약속하신 기업은 영원한 성도의 본향 '천국의 땅' 을 말합니다. 천국에 가서 누릴 수 있는 터전과 권리와 축복을 포함하는 것입니다. '천국에서 살 땅과 축복의 권리' 를 우리의 '기업', 또는 '상속권' 이라고도 합니다. 이 축복을 보증해 주시는 분이 '성령' 이십니다. 성령님과 동거하는 사람은 미래의 천국에서 영원한 복락을 소유할 것을 보증 받은 사람입니다.

미국의 부자들은 우주여행 시대를 대비하여 '미 항공우주국' 에 거액을 주고 우주여행 티켓을 구매해 놓고 기다리고 있다고 합니다. 그들의 우주여행을 보증하는 것은 돈입니다. 그들은 보증금을 주고 미래에 우주로의 여행을 약속 받았습니다. 그러나 우리는 보증금이 한푼도 없지만 하나님 나라에 제일 좋은 처소가 예약되어 있습니다. 그 보증은 성령이십니다. 성령께서 담보하셨다는 말입니다. 천국의 열쇠를 가지신 예수님이 보증하시는데 누가 가로막을 수 있겠습니까?

하나님은 가나안 땅을 이스라엘 백성의 기업으로 주시고 그 땅을 통일시키는 일에 이스라엘을 택하셨습니다. 그리고 자기 백성인 이스라엘을 위하여 여호와 하나님이 어떻게 일하셨는가를 말씀합니다. 황무지에서, 짐승이 부르짖는 광야에서, 눈동자 같이, 독수리가 새끼를 보호하듯이 자기 소유를 삼으셨습니다. 가나안 땅을 통일하여 여호와 하나님의 영광이 모든 열방에 나타나도록 세우신 것입니다. "너희는 지켜 행하라 그리함은 열국 앞에 너희의 지혜요 너희의 지식이라 그들이 이 모든 규례를 듣고 이르기를 이 큰 나라 사람은 과연 지혜와 지식이 있는 백성이로다"(신 4:6) 그런데 결국 이스라엘이 살찌매 여호와를 배반하였습니다. 이스라엘을 기업으로 삼으신 여호와보다 오히려 이방 신을 숭배하고 섬겼습니다.

그러나 이제 에베소 교회, 즉 신약의 교회는 '모든 일을 그 마음의 원대로 역사하시는 자의 뜻을 따라' 기업을 받았습니다. 이 말은 하나님은 신이시므로 자기 마음대로 아무 일이나 할 수 있다는 뜻이 아닙니다. 여호와 하나님은 원하시는 모든 것을 하시는 분이지만 우상은 죽은 것이라 아무것도 할 수 없음을 서로 대조해서 말씀합니다. 이 여호와 하나님이 이스라엘 백성을 애굽에서 끌어내시고 가나안 땅에 들이셔서 복을 주셨습니다. 그렇지만 하나님께서 하늘과 땅을 다 이스라엘 백성에게 기업으로 주시지는 않았다고 말씀합니다. "하늘은 여호와의 하늘이라도 땅은 인생에게 주셨도다"(시 115:16) 그러나 이제 신약 교회에는 하늘에 있는 것이나 땅에 있는 것이나 모든 일을 그 마음의 원하는 대로 역사하시는 자의 뜻을 따라 주셨습니다. 즉 모든 일을 기필코 성취하고 완성하시겠다는 말씀입니다. 때가 찬 경륜을 완성하시고 이루시겠다는 말씀입니다. 여호와 하나님이 이스라엘을 구속하셔서 자기 소유로 삼으시고 가나안 땅을 통일하는 기업을 맡기셨으나 그들은 이 일을 온전히 이루지는 못하였습니다. 그렇기 때문에 그들은 이러한 일을 완성하는 자들을 소망하고 바랄 것입니다.

"이는 그리스도 안에서 전부터 바라던 우리로 그의 영광의 찬송이 되게 하려 하심이라"(1:12) 그래서 '그리스도 안에서 전부터 바라던 우리'라고 말씀합니다. 이 모든 역사를 완성하는 일에 우리, 즉 교회를 부르신 것입니다. 교회가 이 기업을 이룸으로 그리스도 안에 나타난 영광을 찬송하게 하려는 것입니다. 2장 10절에서도 교회의 선한 일을 위하여 지으심을 받은 것이 전부터 예비하신 것이라고 말씀합니다. "우리는 그의 만드신 바라 그리스도 예수 안에서 선한 일을 위하여 지으심을 받은 자니 이 일은 하나님이 전에 예비하사 우리로 그 가운데서 행하게 하려 하심이니라" 그리스도 안에 나타난 영광의 일에 대해서는 3장 6절에서 말씀합니다. "이는 이방인들이 복음으로 말미암아 그리스도 예수 안에서 함께 후사가 되고 함께 지체가 되고 함께 약속에 참예하는 자가 됨이라" 유대인과 이방인 사이에 있는 막힌 담을 허시고 그리스도 안에서 하나가 되게 하신 그리스도의 영광에 교회가 참여하여 그 일을 완성하라는 것입니다. 이렇게 교회로 하여금 그리스도의 영광을 찬송하도록 하셨습니다. 그러므로 교회는 이러한 일에 어떻게 참여했으며, 그 결국은 어떠한가에 대하여 13-14절에 말씀합니다. "그 안에서 너희도 진리의 말씀 곧 너희의 구원의 복음을 듣고 그 안에서 또한 믿어 약속의 성령으로 인 치심을 받았으니 이는 우리의 기업에 보증이 되사 그 얻으신 것을 구속하시고 그의 영광을 찬미하게 하려 하심이라" 여기서 우리는 '듣고', '믿어', '받았다' 는 말씀에 주목해야 합니다. 그 중에서도 가장 중요한 것은 '인 치심을 받았다' 는 말입니다. 왜냐하면 로마서 같은 경우는 믿어 의롭다 하심을 받았다는 점을 강조하는데 비하여 에베소서는 '인 치심' 을 강조하기 때문입니다. 교회가 들은 것은 진리의 말씀, 곧 구원의 복음입니다. 만물이 그리스도 안에서 하나가 되는 것이 에베소서가 말하는 진리의 말씀이며, 이 하나를 이루는 것이 곧 구원입니다. '너희도' 라고 말함으로써 그리스도 안에 있는 자는 누구든지 그 영광된 기업에 참여하게 됨을 말합니다. 그럼 '약속의 성령으로 인 치심을 받았다' 는 말씀은 무슨 뜻입니까? 우선 인을 쳤다는 것은 도장을 찍어 봉함을 했다는 말입니다. 우리의 기업에 보증이 되도록 인을 치셨습니다. 그 얻으신 것을 구속하시고 그의 영광을 찬미하게 하려는 데까지, 즉 모든 일을 마음에 원하는 대로 역사하시는 자의 뜻을 이루는 데까지 보증하셨다고 말씀합니다. 여기서는 그저 맛보기 정도로 주신 것을 보증이라고 말하지 않습니다. 그 목적을 반드시 완성시키는 보증으로 성령으로 인을 치신 것입니다. "하나님의 성령을 근심하게 하지 말라 그 안에서 너희가 구속의 날까지 인 치심을 받았느니라"(4:30)

이스라엘은 조상들에게 하신 언약을 따라 애굽에서 구원하여 여호와 하나님의 소유로 삼으신 백성입니다. 그런데 그들은 광야에서 수없이 여호와 하나님을 배역하였습니다. 그러나 하나님은 이스라엘 백성에게 자비를 베푸사 그들을 가나안 땅에 들이셨습니다. 그럼에도 이스라엘이 그 기업을 완성하지 못하고 오히려 이방 족속들의 신을 수입하고 이방 신의 나라가 되게 함으로써 망하게 하고 말았습니다.

그러나 신약시대에 진리의 말씀을 듣고 믿어 성령의 인 침을 받은 자들은 이스라엘과는 다릅니다. 하늘에 있는 것이나 땅에 있는 것이나 다 그리스도 안에 통일하도록 하는 기업을 받은 자들은 이 일에 물러서거나 침체해 있거나 넘어지지 않습니다. 왜냐하면 성령으로 인을 치심으로 보증하시기 때문입니다. 그러므로 하나님의 백성은 사람의 궤술과 간사한 유혹에 빠져 모든 교훈의 풍조에 밀려 요동하지 않습니다. 여러 환난에 대하여 낙심하지도 않습니다. 마귀의 궤계를 능히 대적하는 강건한 자로 부르심을 입었기 때문입니다.

  우리는 죽은 자 가운데서 다시 살리시고 보좌 우편에 앉게 하신 능력으로 구원받아 하나님의 아들들이 되었습니다. 이 그리스도의 피로 얻으신 아들들을 구속의 날까지 성령으로 인을 치심으로 보증하십니다. 그의 영광을 찬미하는 삶에 있어 중단이 없습니다.

  그리스도 안에서 하나로 통일될 수 있습니다. 그리스도 안에서 기업이 됩니다. 아멘.

¹⁵이를 인하여 주 예수 안에서 너희 믿음과 모든 성도를 향한 사랑을 나도 듣고 ¹⁶너희를 인하여 감사하기를 마지아니하고 내가 기도할 때에 너희를 말하노라 ¹⁷우리 주 예수 그리스도의 하나님, 영광의 아버지께서 지혜와 계시의 정신을 너희에게 주사 하나님을 알게 하시고 ¹⁸너희 마음 눈을 밝히사 그의 부르심의 소망이 무엇이며 성도 안에서 그 기업의 영광의 풍성이 무엇이며 ¹⁹그의 힘의 강력으로 역사하심을 따라 믿는 우리에게 베푸신 능력의 지극히 크심이 어떤 것을 너희로 알게 하시기를 구하노라

(에베소서 1:15-19)

05

바울의 기도

어느 날 조지 뮐러가 집회를 인도하러 가기 위하여 배를 탔습니다. 그런데 시간이 되어도 배가 출항을 하지 않았습니다. 약속된 시간에 집회를 인도하려면 배가 정한 시간에 출항해야 하기 때문에 그는 선장실로 가서 물었습니다. 그러자 선장은 짙은 안개로 출항을 할 수 없다고 하였습니다. 그래서 "나는

집회를 인도하러 빨리 가야 한다"고 했지만 선장은 아무리 급해도 이런 일기로 출항할 수 없다고 하였습니다. "그럼 안개만 걷히면 떠날 수 있느냐"고 묻자 선장은 "그렇다"고 대답하였습니다. 그때 뮐러는 선장에게 "함께 무릎을 꿇고 기도하자"고 청하였습니다. 뮐러의 태도가 너무나 진지하고 확실하여 거절하지 못하고 선장도 함께 엎드려 기도하기 시작하였습니다. 기도가 끝나자 그렇게 짙게 덮였던 안개가 말끔히 걷혀 있었습니다. 하나님은 우리의 기도를 들으시고 응답하십니다.

오늘 성경 본문에는 사도 바울의 기도가 기록되어 있습니다. 에베소서 1장의 전반부(1-14)는 하나님께서 주시는 영적인 축복, 즉 성부 하나님이 만세 전에 선택하시고 성자 예수님이 대속하시고 성령 하나님이 인을 치시고 보증하신 축복을 찬양하라는 말입니다. 그리고 후반부(15-23)는 하나님의 영적인 축복을 깨닫게 해 달라는 바울의 영적인 기도입니다.

전반부는 찬양, 후반부는 기도인데 그 기도는 이렇게 시작됩니다. "이를 인하여 주 예수 안에서 너희 믿음과 모든 성도를 향한 사랑을 나도 듣고"(1:15) '이를 인하여'란 앞에 언급한 이러한 신령한 축복을 받았으므로 감사하고 기도한다는 말입니다. 바울은 에베소 교인들의 믿음과 사랑에 대해 들었습니다. '주 예수 안에서 너희 믿음'은 에베소 교인들이 주 예수 안에서 보인 믿음의 행위를 말합니다. 이런 믿음에서 비롯된 행함은 모든 성도에 대한 사랑으로 나타났습니다. "너희를 인하여 감사하기를 마지아니하고 내가 기도할 때에 너희를 말하노라"
(1:16) 바울은 기도할 때마다 에베소 교인들의 믿음과 사랑에
대해 감사하는 것을 잊지 않았습니다. 이 감사는 에베소 교인
들의 믿음과 사랑이 그리스도 안에서 이루신 하나님의 사역으
로 인해 생겨난 것임을 암시합니다. 바울은 지금 간절한 마음
으로 에베소 교회를 향하여 안타까운 심정으로 기도하고 있습
니다. 왜냐하면 에베소 교인들은 하나님의 놀라운 축복을 받
고도 그 축복을 모르고 살아가고 있기 때문입니다. 그래서 바
울은 본문에서 그들의 영적인 눈이 열려서 그들이 이미 얼마
나 위대한 영적인 축복을 받았는가를 깨닫게 해 달라고 기도
하고 있습니다.

하나님은 우리를 사랑하셔서 이미 큰 축복을 우리에게 주셨
습니다. 만세 전에 선택받아 하나님의 자녀가 되었고, 예수를
믿음으로 죄 용서함과 구원을 받았습니다. 이것이 기적이요
축복입니다. 오늘 본문의 기도는 우리 성도가 해야 할 중보기
도가 되어야 할 것입니다.

1. 하나님을 알게 해 달라는 기도입니다

"우리 주 예수 그리스도의 하나님 영광의 아버지께서 지혜
와 계시의 정신을 너희에게 주사 하나님을 알게 하시고"(1:17)
하나님을 알게 해 달라고 기도하고 있습니다. "지혜와 계시

의 정신을 너희에게 주사" 에서 '정신' 의 헬라어 '프뉴마' (πνευμα)에 대한 해석은 세 가지입니다. ① '프뉴마' 에 관사가 없기 때문에 '인간의 영' ②관사가 없어도 '프뉴마' 가 성령을 가리키기 때문에(갈 5:5,16) '인간의 영' 이라 할 수 없으므로 '성령' ③성령에 의해서 인간의 영에 주어진 '성령의 은사' 를 가리킨다는 주장입니다. 세 가지 견해 중 마지막 견해가 타당하다고 봅니다. 한편 '지혜' 는 그리스도 안에서 하나님이 행하신 사역을 이해하는 것이며(1:8; 3:10; 5:15), '계시' 는 하나님의 비밀을 이해할 수 있도록 하나님께서 성령을 통해 모든 그리스도인에게 주신 것을 의미합니다. 지혜는 영적인 통찰력을 말하고, 계시의 정신은 계시의 영(성령)을 말합니다. 하나님은 오직 성령을 통해서만 알 수 있는 분입니다. 내가 얼마나 엄청난 복을 받은 자인가를 알게 하시는 분이 성령이십니다. 그래서 지혜와 계시의 정신을 주셔서 하나님을 알게 해 달라고 기도하였습니다. "하나님을 알게 하시고" 는 성도들은 성령의 역사를 통해 받은 지혜와 계시에 의해서 하나님을 알게 된다는 의미입니다. 하나님을 아는 것은 어떤 피상적인 지식이 아니라 개인적인 친분을 통해서 얻어지는 충만한 지식을 뜻합니다. 하나님이 어떤 분이지를 알게 된다면 그분을 믿지 않고는 견딜 수 없으며 변화된 삶을 살지 않을 수 없을 것입니다. "하나님을 알게 해 주시옵소서!" 이것이 우리의 기도가 되어야 합니다.

하나님을 아는 것이 가장 큰 영적인 축복입니다. 하나님에 대한 지식보다 더 고상한 지식은 없습니다. 여기에서의 지식은 헬라적이라기 보다는 히브리적 개념입니다. 즉 경험적인 지식, 경험적인 앎입니다. 다시 말하면 하나님은 철학적인 어떠한 방법으로 알 수 있는 분이 아니라, 우리의 구체적인 삶의 현장과 우리의 생활 터전에서 우리와 함께 하시고 우리와 만나심으로 알 수 있는 하나님이라는 말입니다.

예수님의 탄생은 동정녀 마리아를 통해서 이루어졌습니다. 가브리엘 천사를 통해서 이 역사적인 사실을 통보 받았습니다. "네가 하나님께 은혜를 얻었느니라 보라 네가 수태하여 아들을 낳으리니 그 이름을 예수라 하라"(눅 1:30-31) 그때 마리아가 놀라며 한 말이 있습니다. "나는 사내를 알지 못하니 어찌 이 일이 있으리이까"(눅 1:34) 모른다는 말은 '나는 지금까지 남자와 동침한 일이 없다' 는 의미입니다. 경험적으로 남자를 모른다는 것은 히브리적인 사고입니다.

바울은 지금 에베소 교회의 교인들이 하나님을 전혀 모르기 때문에 알게 해 달라고 기도하는 것이 아니라, 하나님을 더 깊이 체험적으로 알게 해 달라는 기도를 하는 것입니다. 우리도 하나님을 깊이 아는 경험, 하나님을 더 잘 아는 체험을 해야 합니다. 머리뿐만 아니라 우리의 마음과 생활 속에서 하나님의 은혜를 체험하고 하나님의 역사를 더 깊이 체험하도록 기도해야 합니다. 사도 바울은 "하나님, 저들에게 지혜와 계시의 정신을 주셔서 하나님이 어떤 분인지 알게 해 주십시오"라고 기도할 뿐이었습니다.

우리의 신앙이 성장하지 않는 것은 마음 속에 주님을 알고 싶어하는 열망이 없기 때문입니다. 그러므로 우리는 무엇보다도 하나님을 알아야 합니다. 하나님이 얼마나 놀라운 분이며, 어떻게 살아 계시고 얼마나 영광스럽고 위대한 분인가를 알아야 합니다.

그런데 그 하나님을 어떻게 알 수 있습니까? 오늘 본문의 말씀처럼 지혜와 계시의 정신으로만 알 수 있습니다. 내가 얼마나 엄청난 복을 받은 자인가를 알게 하시는 성령께서 알게 하셔야만 되기 때문에 이 외에 하나님을 알 수 있는 방법은 그 어디에도 없습니다. 우리는 하나님을 더 깊이 체험할 수 있도록 기도해야 합니다.

2. 마음의 눈을 밝게 해 달라는 기도입니다

"너희 마음 눈을 밝히사 그의 부르심의 소망이 무엇이며 성도 안에서 그 기업의 영광의 풍성이 무엇이며…알게 하시기를 구하노라"(1:18-19)

"너희 마음 눈을 밝히사"의 '마음 눈'은 우리의 마음 속에 하나님을 바라보는 눈이 있는 것처럼 묘사하는 아름다운 표현입니다. 여기에 '마음 눈'이라는 말씀이 나오는데 눈에는 세

가지가 있습니다. 물체를 보는 '육안' (肉眼), 그리고 지식의 눈인 '지안' (智眼)입니다. '지안' 은 지식을 가진 사람만이 볼 줄 아는 눈입니다. 다음으로 신령한 눈(영안, 靈眼, 마음 눈)이 있습니다. 이것을 '믿음의 눈' 이라고도 합니다.

우리 믿는 이들은 '마음 눈' (영안)이 밝아져야 합니다. 마음의 눈이 밝아지면 유익한 일이 많습니다. 우리의 마음의 눈이 밝아질 수 있는 방법은 말씀과 성령과 회개의 눈물로 가능합니다. 그러나 죄 된 생활을 하게 되면 마음의 눈이 어둡게 됩니다. 죄를 지으면 모두가 영적인 소경이 됩니다. 참으로 이상한 것은 육의 눈이 밝아지면 마음의 눈은 어두워집니다. 그래서 늘 마음의 눈을 밝게 하기 위하여 심령을 깨끗케 하는 일이 필요합니다. 그래서 마음의 눈을 밝게 하려면 먼저 회개를 해야 됩니다. 회개의 눈물은 죄를 씻어 내는 역할을 합니다. 예수님은 말씀하셨습니다. "마음이 청결한 자는 복이 있나니 저희가 하나님을 볼 것임이요" (마 5:8) 본래 하나님은 볼 수 없습니다. 영이신 하나님을 볼 수도 없을 뿐만 아니라 보게 되면 다 죽게 됩니다. 그런데 성경에서 하나님을 볼 수 있는 것으로 표현하는 곳이 있습니다. 이 말씀은 '하나님의 임재하심' 을 말합니다. "마음이 청결한 자는 복이 있나니 하나님을 볼 것이요" 라고 하였습니다. 마음이 청결하려면 죄를 회개해야 됩니다. 죄를 회개하면 마음의 눈이 뜨이기 때문입니다. 하나님을 볼 것이라는 말씀은 '영안이 밝아진다' , '마음의 눈이 밝아진다' 는 말입니다. 마음의 눈이 밝아야 늘 하나님께서 우리에게 임재하심을 깨달을 수 있습니다. 이렇게 마음의 눈이 밝아지면 보이는 것이 있습니다.

① "그의 부르심의 소망이 무엇이며"(18)에서 '부르심'은 '선택과 예정'(1:4,5,11)을 전제로 합니다.

하나님은 선택하신 자, 예정하신 자를 부르십니다. 하나님의 부르심은 우리가 하나님의 은혜로 그리스도를 영접하고 성령의 인 치심을 받음으로 이루어집니다. 그리고 그 부르심을 통해 그리스도인은 하나님께서 미래에 온전하게 하시는 소망을 갖게 됩니다. '소망'은 그리스도인의 구원이 완성되고 그리스도 안에서 만물이 통일될 것에 대한 바람을 의미합니다. 그것은 '부르심의 소망'이 무엇인지를 알게 됩니다. 이 말씀은 다른 말로 '소명'이라 할 수 있습니다. 다시 말하면 하나님께서 나를 부르셨다는 것입니다. 마태복음 11장 28절에서 "수고하고 무거운 짐 진 자들아 다 내게로 오라"고 하셨습니다. 여기서 중요한 단어는 '오라'입니다. 구원, 용서, 은혜, 축복, 봉사도 여기서부터 시작됩니다. 이 '오라'가 '부르심'입니다. "하나님이 우리를 구원하사 거룩하신 부르심으로 부르심은 우리의 행위대로 하심이 아니요 오직 자기 뜻과 영원한 때 전부터 그리스도 예수 안에서 우리에게 주신 은혜대로 하심이라"(딤후 1:9) 이 말씀을 살펴 볼 때 그리스도인들의 부르심은 가장 높은 곳으로부터의 부르심이라는 것과 거룩하신 부르심이며, 행위에 따른 부르심이 아니라 은혜로 부르셨음을 깨닫게 됩니다. 우리 한 사람 한 사람이 그리스도인이 되고 성도가 된 것은 이처럼 중요합니다. 가장 높은 곳에서의 부르심, 세속적인 것이 아니라 거룩한 부르심, 나의 자격이나 가능성이 아닌 은혜로 부르셨다는 사실이 이처럼 중요합니다.

우리 주님은 말씀하셨습니다. "수고하고 무거운 짐 진 자들아 다 내게로 오라 내가 너희를 쉬게 하리라"(마 11:28) 피곤한 우리에게 주님의 안식을 주시기 위하여 부르셨습니다. 죄를 사해 주시고, 구원과 축복을 주시고, 그리고 사명을 주시기 위하여 우리를 부르셨습니다. 온 천하의 주인이시며, 생사화복을 주장하시는 그분, 높이기도 하시고 낮추기도 하시는 권세 있으신 그분이 저와 여러분을 개인적으로 아시고 부르셨습니다. 이 사실이 놀라운 것입니다. 이 사실을 깨닫지 못할 때 우리의 신앙에 감격이 사라지게 됩니다. 그래서 하나님의 부르심이 그만큼 중요합니다. 그렇기 때문에 이를 위하여 기도하는 것 또한 아주 중요합니다.

그러므로 먼저 부름을 받은 우리는 아직도 이 놀라운 구원의 은혜와 주님의 부르심을 모르는 영혼들에게 복음으로 초청해야 합니다. 그리고 우리가 전도한 그 영혼이 부르심의 소망이 무엇인지 알아 감격 속에 신앙생활을 한다면 더 없이 행복할 것입니다. 이 기도가 우리의 중보기도가 되어서 계속적으로 하나님께 상달되기를 간절히 바랍니다.

우리가 주님으로부터 부르심을 입은 사람들이라는 사실이 참으로 감격이 됩니다. 이보다 더 영광스러운 일은 없을 것입니다. 히브리서 기자는 우리 그리스도인을 이렇게 표현하고 있습니다. "그러므로 함께 하늘의 부르심을 입은 거룩한 형제들아"(히 3:1), "하나님이 우리를 구원하사 거룩하신 부르심으로 부르심은 우리의 행위대로 하심이 아니요 오직 자기 뜻과 영원한 때 전부터 그리스도 예수 안에서 우리에게 주신 은혜대로 하심이라"(딤후 1:9)

② "성도 안에서 그 기업의 영광의 풍성이 무엇이며"(18)에서 '그 기업'(테스 클레로노미아스 아우투, $T\widehat{\eta}s\ \kappa\lambda\eta\rho o\nu\mu\iota\acute{a}s\ a\mathring{v}\tau o\widehat{v}$)을 문자적으로 번역하면, '그의 기업'으로 14절에서 언급한 '우리의 기업'이 아니라 하나님의 기업을 가리킵니다.

구약에서 하나님의 기업은 이스라엘 백성을 가리켰습니다(신 4:20; 9:26,29; 삼하 21:3; 왕상 8:51; 왕하 21:14; 시 28:9; 33:12; 68:9; 78:62,71; 94:14; 106:5,40; 사 19:25; 47:6; 63:17; 렘 10:16; 51:19). 그러나 본절의 하나님의 기업은 유대인만을 가리키는 것이 아닙니다. 왜냐하면 그 기업은 '성도 안에' 있는 것이기 때문입니다. 하나님의 기업은 하나님의 백성인 그리스도인들을 가리킵니다(Abbott, Houlden, Milton, Lincoln). 바울은 에베소 교인들이 하나님의 백성이 되는 영광을 알도록 기도하고 있습니다. 이 말씀은 장차 하나님께서 우리 그리스도인들을 위하여 풍성한 기업을 준비해 놓으셨음을 알기를 원하는 것입니다. '기업' 이라는 말은 다른 말로 '상속' 이란 말입니다. 우리가 장차 주님 앞에서 받게 될 풍성한 상속이 준비되어 있습니다. 우리가 그 영원한 나라에 들어가는 그 날에 우리를 위하여 예비된 것들입니다.

첫째는 완전한 몸을 주님께 받습니다. "죽은 자의 부활도 이와 같으니 썩을 것으로 심고 썩지 아니할 것으로 다시 살며 욕된 것으로 심고 영광스러운 것으로 다시 살며 약한 것으로 심고 강한 것으로 다시 살며 육의 몸으로 심고 신령한 몸으로 다시 사나니 육의 몸이 있은 즉 또 신령한 몸이 있느니라"(고전 15:42-44) 그 때에는 우리의 몸이 완전한 몸이 됩니다. 거룩한 몸이 되고 제한 받지 않는 자유의 몸이 됩니다. 이것이 우리를 위하여 준비해 두신 상속입니다. 영광스러운 부활의 몸을 주님이 준비해 두셨습니다.

둘째는 거룩한 인격입니다. 우리의 영혼과 인격이 주님을 닮은 거룩한 인격으로 완성되어 예수 그리스도처럼 될 것입니다.

셋째로 놀라운 상급입니다. "너희는 마음에 근심하지 말라 하나님을 믿으니 또 나를 믿으라 내 아버지 집에 거할 곳이 많도다 그렇지 않으면 너희에게 일렀으리라 내가 너희를 위하여 처소를 예비하러 가노니 가서 너희를 위하여 처소를 예비하면 내가 다시 와서 너희를 내게로 영접하여 나 있는 곳에 너희도 있게 하리라"(요 14:1-3) 주님은 우리에게 유산으로 주시려고 처소를 준비하시기 위해 가신다고 하셨습니다. 그 영광스러운 우리의 상속에 대해 계시록을 비롯한 성경 곳곳에서 우리에게 가르쳐 주십니다. 이 사실을 알게 해 달라는 바울의 간구가 아주 멋있습니다.

여러분이 전도한 그 영혼이 이와 같은 상급이 준비된 것을 알게 된다면 기쁜 마음으로 주님을 섬기며 승리하는 삶을 살지 않을 수 없을 것입니다. 우리는 이를 위하여 기도해야 할 것입니다.

3. 능력의 지극히 크심을 알게 해 달라는 기도입니다

"그의 힘의 강력으로 역사하심을 따라 믿는 우리에게 베푸신 능력의 지극히 크심이 어떤 것을 너희로 알게 하시기를 구하노라"(1:19)

바울은 본문에서 네 가지의 단어를 사용하여 하나님의 '능력'에 대해 묘사하고 있습니다. ① '힘'으로 번역된 '크라투스'(κράτους)는 저항과 통제로 길러진 힘(6:10)을 의미하며 ② '강력'의 헬라어 '이스퀴오스'(ἰσχύος)는 육체적이며 남성적인 힘으로 생명을 유지하기 위하여 타고난 힘을 뜻하고(6:10) ③ '역사하심'에 해당하는 헬라어 '에네르게이안'

(ενεργειαν)은 영향을 끼칠 수 있거나 조절이 가능한 힘을 지칭하며(3:7; 4:16) ④ '뒤나메오스' (δυναμεως)는 무엇을 성취할 수 있는 능력이나 잠재력을 가리킵니다(Wood, Barth, Schlier). 이런 네 가지의 유사 용어를 사용한 것은 하나님의 능력이 앞에서 언급한 바 있는 성도의 기업과 소망을 잇는 견고한 다리임을 강조하기 위해서입니다.

바울은 그리스도인을 향해 행하신 하나님의 광대한 능력이 어떤 것인지를 에베소 교인들이 알도록 중보기도를 합니다. 사도 바울의 기도 제목은 우리에게 베푸신 능력이 얼마나 큰지를 알게 해 달라는 것입니다. 이것은 에베소 교회 성도들이 영안이 밝아져 하나님의 능력이 얼마나 큰지를 알게 해 달라는 기도입니다. 하나님의 능력은 측량할 수 없는 큰 능력입니다. 측량할 수 없다는 말은 우리의 계산법으로는 헤아릴 수조차도 없는 큰 능력이라는 말입니다. 본문 20절부터 이 하나님의 능력에 대해서 말씀하고 있습니다. 그 능력은 한 마디로 그리스도의 능력입니다.

1) 죽음을 이기신 능력입니다

"죽은 자들 가운데서 다시 살리시고" (1:20)
본문은 하나님께서 예수 그리스도를 부활시키신 것은 예수가 그리스도이심을 세상에 선포하신 것이며, 자기 백성들을 구원하시겠다는 확고한 증거이자 예수 그리스도를 만물의 주로 삼으시겠다는 선언이기도 합니다(행 3:15; 4:10; 10:40; 17:31; 롬 1:4). 그러나 본절에서의 강조점은 그리스도를 부활시키신 하나님의 능력에 있습니다.

2) 그리스도의 왕권을 말합니다

"하늘에서 자기의 오른편에 앉히사" (1:20)
본문은 왕의 즉위식을 묘사한 시편 110편 1절에서 유래한 것입니다. 바울은 시편 110편을 기독론적으로 해석하여 그리스도의 왕권을 나타내고 있습니다. "오른편에 앉히사"는 공간적인 개념이 아니라 통치권의 개념으로 하나님께서 그리스도를 만물의 주인으로 삼으시고, 그러한 위치를 감당할 수 있는 권한과 능력을 주셨음을 시사합니다.

3) 다스리시는 권세입니다

① "모든 정사와 권세와 능력과 주관하는 자와 이 세상뿐 아니라 오는 세상에 일컫는 모든 이름 위에 뛰어나게 하시고"(1:21)
모든 정사와 권세와 능력과 주관하는 자들은 하나님과 적대하는 초자연적인 악한 세력을 말합니다. 바울이 네 가지 초자연적 적대 세력을 언급한 것은 네 가지 적대 세력을 설명하고

자 한 것이 아니라, 그러한 적대 세력을 지배하시고 다스리시는 그리스도의 우월성을 강조하기 위해서입니다. "이 세상뿐 아니라 오는 세상에 일컫는 모든 이름 위에 뛰어나게 하시고"(1:21)에서 '이 세상'과 '오는 세상'은 현재와 미래의 변화하는 세대와 세상을 가리킵니다. 그리스도는 모든 세대를 주관하시는 분입니다. 이처럼 하나님께서 그리스도를 부활시키시고 오른편에 앉히심으로 모든 이름보다 뛰어나게 하셨습니다.

② 만물을 복종케 하시는 능력입니다.

"또 만물을 그 발 아래 복종하게 하시고"(1:22) 본문은 시편 8편 6절의 인용입니다. '복종하게 하시고'에 해당하는 헬라어 '휘페탁센'($υπεταζεν$)은 만물이 그분에게 달려 있음을 시사합니다. 만물, 즉 초자연적인 세력과 모든 세대의 인간들과 온 우주는 그리스도의 주권에 복종해야 하며 그를 통해서만 참 생명과 존엄성을 회복하게 됩니다.

③ 교회의 머리로 주셨습니다.

"그를 만물 위에 교회의 머리로 주셨느니라"(1:22) 바울은 그리스도를 '교회의 머리'로 비유합니다. '머리'는 그리스도가 교회에 생명을 부여하시는 분이며 교회의 주인이 되심을 시사합니다. 교회는 그리스도를 적대하는 모든 세력에 대항할 권세와 능력을 소유하고 있습니다. 왜냐하면 교회는 그리스도를 주인으로 모시고 있으며, 그리스도께서 교회를 인도하시고 보호하시기 때문입니다. 교회는 그리스도의 몸이며 백성이기 때문에 그리스도는 교회를 힘이 아닌 사랑과 온유와 거룩함으로 지배하시며 통치하십니다. "교회는 그의 몸이니"(1:23)란 교회가 그리스도의 생명을 수여한 유기체임을 나타냅니다. 교회는 그리스도의 몸이기 때문에 머리가 되신 그리스도의 명령에 복종하고 밀접한 관계를 유지할 때에만 유기체로써의 역할을 다할 수 있습니다. "만물 안에서 만물을 충만케 하시는 자의 충만이니라"(1:23)는 말씀은 교회가 그리스도로 채워지는 것을 의미합니다. 그리스도는 교회 안에 내재하시며 교회로 하여금 충만케 하셔서(골 3:16), 교회가 자신의 분량까지 완전해지도록 인도하시며 역사하십니다.

교회는 능력의 공동체입니다. 교회에서는 능치 못할 일이 없습니다. 왜냐하면 능력이신 그리스도가 우리의 머리이시기 때문입니다. 머리이신 그리스도는 또한 우리에게 놀라운 능력을 주셨습니다. 그런데 에베소 교인들은 이것을 모르고 아주 무력하게 살아가고 있었습니다. 그 때문에 바울은 답답하여 하나님께 기도합니다. "하나님, 우리 속에서 강한 힘으로 활동하시는 하나님의 능력이 얼마나 크고 위대한지를 저희로 알게 하여 주옵소서" 그때 그들의 기도는 응답되었습니다. 비로소 능력 있는 그리스도인으로 살아갈 수 있었습니다.

"열두 제자를 부르사 더러운 귀신을 쫓아 내며 모든 병과 모든 약한 것을 고치는 권능을 주시니라"(마 10:1) 이 말씀은 그때그때 필요한 말씀도 줄 것인즉 그저 나가기만 하면 된다는 말입니다. '이미 너희에게 이 능력을 주었으니 그 능력을 가지고 나가 순종하기만 하라. 그러면 역사가 일어 날 것' 이라는 말입니다. 과연 제자들은 그 말씀을 믿고 순종하여 나갔습니다. 전도하다가 병자를 만나면 무조건 기도했더니 병자가 나았습니다. 귀신들린 자를 향하여 '나가라' 고 명했더니 나갔습니다. "믿는 우리에게 베푸신 능력의 지극히 크심이 어떠한 지 너희로 알게 되기를 구하노라" 이것이 바울의 기도입니다.

초대 교회의 사도들이나 당시의 성도들도 다 우리와 같은 사람들이었습니다. 그런데 그들이 성령의 충만한 능력을 받고 나서 전 세계의 역사를 바꾸어 놓은 것입니다. 사도들이 전 세계를 향하여 계속 전도하는 운동을 벌이자 사람들이 그들을 향하여 '천하를 어지럽히는 무리들' 이란 별명을 붙여 주었습니다. 이것은 그들이 가는 곳마다 복음으로 뒤엎었기 때문입니다. 도박꾼을 만나면 도박을 끊게 하였고, 술주정뱅이를 만나면 술을 끊게 하여 착한 사람으로 변화되었습니다. 술집들이 문을 닫고, 창녀들이 회개하는 그야말로 세상을 뒤집어 놓는 사람들이 되었습니다. 이것이 그리스도의 능력입니다. 이 위대한 잠재력을 우리가 믿을 때에 주님이 우리 속에 부어주셨습니다.

이제 우리는 꿈을 가지고 전진해야 합니다. 원대한 꿈과 비전을 가지고 성령의 능력 안에 있는 교회 공동체를 이뤄가야 합니다. 따라서 우리가 기도할 때 "하나님, 저에게 능력을 주시옵소서"가 아니라, "하나님께서 이미 주신 능력으로 일하게 하옵소서"라고 기도해야 할 것입니다. 그때 반드시 하나님의 역사가 나타날 것입니다.

그리스도 안에 있는 우리에게 하나님은 놀라운 능력을 주셨습니다. 이제 우리는 하나님의 능력으로 이 세상을 향하여 나가야 하고, 복음을 들고 마귀와 싸우는 거룩한 전쟁을 치러야 합니다. 그리고 주님의 능력을 받아 부산을 성시화 하고 전 세계를 복음으로 정복하는 영혼 구원 사역을 이루어 가야 합니다.

우리에게 주신 하나님의 이 위대한 능력을 사용하여 복음으로 세상을 어지럽히고 정복하며, 그리스도의 능력으로 승리하는 믿음의 성도가 되시길 기원합니다. 아멘.

¹너희의 허물과 죄로 죽었던 너희를 살리셨도다 ²그 때에 너희가 그 가운데서 행하여 이 세상 풍속을 좇고 공중의 권세 잡은 자를 따랐으니 곧 지금 불순종의 아들들 가운데서 역사하는 영이라 ³전에는 우리도 다 그 가운데서 우리 육체의 욕심을 따라 지내며 육체와 마음의 원하는 것을 하여 다른 이들과 같이 본질상 진노의 자녀이었더니 ⁴긍휼에 풍성하신 하나님이 우리를 사랑하신 그 큰 사랑을 인하여 ⁵허물로 죽은 우리를 그리스도와 함께 살리셨고 (너희가 은혜로 구원을 얻은 것이라) ⁶또 함께 일으키사 그리스도 예수 안에서 함께 하늘에 앉히시니 ⁷이는 그리스도 예수 안에서 우리에게 자비하심으로써 그 은혜의 지극히 풍성함을 오는 여러 세대에 나타내려 하심이니라 ⁸너희가 그 은혜를 인하여 믿음으로 말미암아 구원을 얻었나니 이것이 너희에게서 난 것이 아니요 하나님의 선물이라 ⁹행위에서 난 것이 아니니 이는 누구든지 자랑치 못하게 함이니라 ¹⁰우리는 그의 만드신 바라 그리스도 예수 안에서 선한 일을 위하여 지으심을 받은 자니 이 일은 하나님이 전에 예비하사 우리로 그 가운데서 행하게 하려 하심이니라

(에베소서 2:1-10)

06

은혜를 인하여 구원을 얻었나니

그리스도인이 되었다는 것은 우리가 달라졌다는 말입니다.

본성과 본질이 달라지고, 우리의 모습과 위치가 변하고, 우리의 지위와 성품이 바뀐 것을 말합니다. 우리는 에베소서 1장에서 그리스도인들이 받은 영적인 복에 대하여 살펴보았습니다. 그런데 바울은 한 걸음 더 나아가, 2장에서는 우리가 이 복을 받았을 뿐 아니라 그리스도로 말미암아 얼마나 존귀한 위치에 앉게 되었는가에 대하여 다룹니다. 우리가 구원받은 것은 전적으로 하나님의 은혜로 되었습니다.

1. 은혜로 구원을 받기 전의 우리의 모습

예수를 믿기 전의 우리의 영적인 상태를 세 가지로 묘사하고 있습니다(2:1-3). 우리가 은혜로 말미암아 예수 그리스도 안에서 얻은 구원과 우리의 신분에 대한 그 영광과 존귀함을 알기 위해서는, 우리가 믿기 전에는 어떤 자였는가를 살펴서 비교해 보면 잘 알 수 있습니다. 그래서 바울은 예수님을 만나 지극히 존귀하게 된 우리의 신분에 대하여 말하기 위하여 먼저 예수님을 믿기 전의 우리의 위치를 말하고 있습니다(2:1-3). 그리고는 예수님을 믿은 이후에 달라진 우리의 새로운 위치를 말함으로써 우리가 얼마나 존귀한 구원을 얻은 자인가에 대하여 강하게 부각시키고 있습니다(2:4-)

1) 예수를 믿기 전에는 허물과 죄로 죽었던 자였습니다

"너희의 허물과 죄로 죽었던 너희를 살리셨도다" (2:1)
예수 그리스도를 만나기 전의 우리는 허물과 죄로 인하여 전적으로 죽었었습니다. '죽었던' 은 신체적 죽음을 의미하는 것이 아니라, 영적·도덕적 죽음을 의미하는 것으로 생명을 수여하시는 하나님으로부터의 단절을 시사합니다. '허물' 은 문자적으로 '정로(正路)에서 떨어지다' 라는 의미로 부주의하여 진리에서 떠나는 것이나 잘못된 경향성을 가리킵니다. 하나님의 뜻을 범하는 모든 자가 범하는 본죄가 허물입니다. '죄' 는 문자적으로 '과녁에서 벗어나다' 라는 의미로 하나님께서 제시하신 생의 목표를 정확히 맞추지 못한 모든 행위를 가리킵니다. 또한 '허물과 죄로' 라고 번역된 이 말은 '너희의 허물과 죄를 통해서' 라는 의미입니다. 이 여격은 죽음의 원인, 도구, 영역, 그리고 결과를 나타냅니다. 우리 인생은 에덴동산에서 이미 죽었습니다. 하나님은 "네가 선악과를 먹는 날에는 정녕 죽으리라" (창 1:17)고 말씀하셨습니다. '죄' 는 인류의 시조 아담과 하와가 하나님의 법을 어김으로써 죄가 이 세상에 들어오게 되어 모든 인생이 다 사망하게 된 죄의 원인이 되는 '원죄' 를 말합니다. 그러므로 하나님의 명령을 어기고 선악과를 먹은 즉시 인생은 죽었습니다. 그러므로 기도할 때에 '죄로 말미암아 죽을 수밖에 없었던 우리를 구원하신 주님' 이라고 하는 것보다, '허물과 죄로

죽었던 우리를 살리신 주님' 이라고 하는 표현이 더 정확합니다.

우리 인생은 누구나 다 모태에서부터 이 원죄의 부패성을 가지고 태어나고, 또 자신이 범한 자범죄인 '허물' 이 있습니다. 죄의 뿌리를 가지고 태어나기 때문에 죄의 뿌리를 가진 우리가 죄의 열매를 맺는 것은 당연한 이치입니다. 이 상태를 허물과 죄로 말미암아 영 죽었다고 하는 것입니다.

그러나 성경에 나타난 죄로 인한 인생의 사망은 세 가지입니다. 사망은 분리를 말하고 생명은 연결된 것을 말합니다. ①영적인 사망은 하나님과의 분리인 '영의 사망' 입니다. '영이 죽었다' 는 것은 영이 없어졌다는 뜻이 아니라 '영은 있지만 그 영이 하나님과 교통이 끊어진 상태' 를 말합니다. 이러니 영적으로 어둡고 하나님을 기쁘시게 할 수 있는 일은 아무것도 할 수 없는 자가 된 것입니다. ②육신과 영혼이 분리되는 '육신의 사망' 이 있습니다. ③영원히 하나님의 은혜를 받는 천국과 분리되는 '영원한 죽음' 입니다. 사람은 영과 육을 가진 존재입니다. 육은 마음과 몸으로 나눌 수 있습니다. 인생이 범죄한 이후에 영과 육에 죽음이 찾아왔습니다. 세 가지 사망은 영의 사망, 육신의 사망, 영원한 사망입니다.

2) 영적으로 원수 마귀의 지배를 받았습니다

"그 때에 너희가 그 가운데서 행하여 이 세상 풍속을 좇고 공

중의 권세 잡은 자를 따랐으니 곧 지금 불순종의 아들들 가운데서 역사하는 영이라"(2:2)

　범죄한 자가 인생을 지배하는 세력이 있습니다. 우리도 이전에는 다 이 원수의 지배를 받았습니다. 그 원수도 세 가지입니다. ①세상 풍속을 좇게 하는 '세상' ②공중의 권세를 잡은 자인 '마귀' ③육체의 욕심, 즉 죄입니다. 세상과 마귀와 죄입니다. 이전에는 우리도 이들의 종이 되어 살았습니다. 세상은 이 세상의 악한 세력으로 잘못된 문화를 말합니다. 옛날에는 세상의 죄악된 풍속을 좇아 살았었습니다. "공중의 권세 잡은 자"는 인간의 참된 행복과 인간에 대한 하나님의 목적을 방해하는 초자연적인 악의 세력으로 '악의 영들'(6:12), 곧 '사단'(막 8:33; 눅 22:3)을 의미합니다. 에베소 교인들은 과거에 이런 악한 영의 통치(統治) 하에 살았습니다. "불순종의 아들들"은 히브리적 표현으로 '하나님에게 대적하여 불순종하는 사람들'을 의미합니다. 하나님의 뜻에 대적하는 것은 기독교 복음에 대한 거절을 내포하는 것으로 오늘날에도 여전히 일어나고 있습니다. 본문에 나오는 '영'은 영적 세력으로써 '공중의 권세 잡은 자'를 의미합니다. 악한 영은 세상의 문화를 지배하고 있습니다. 문화라는 이름을 입고 우리에게 다가오는 악한 세력들이 너무 강합니다. 세속적인 문화, 곧 세상의 풍속은 우리의 대적입니다. 특히 대중문화라는 것은 오늘날의 문화를 주도하고 있습니다. 음란하고 폭력적인 문화, 허영을 좇게 하는 유행들은 우리가 추구할 것이 아닙니다. 또한 공중의 세력을 잡은 영인 악령의 지배를 받아서 아무것도 자유롭게 할 수 없는 자들이었습니다. 하나님의 말씀대로 순종하는 그리스도인으로서의 삶이 힘들다고 하지만 하나님은 우리를 복된 길로 인도하십니다. 그러나 마귀가 시키는 대로 하는 사람들은 어쩔 수 없이 하는 것입니다. 마귀의 종이 되었으므로 저주받지 않기 위해서는 무당도 되고 점쟁이도 되는 것입니다. 이처럼 마귀를 좇아서 끌려 다니는 사람들이야말로 참으로 비참한 인생입니다.

성경은 예수님을 만나기 전에는 우리도 이 세 가지 원수의 지배를 받았다고 말씀합니다. 그 때는 인생 스스로 이 세상과 마귀와 죄악의 욕심에서 벗어 날 자가 아무도 없었습니다. 인생은 이 원수 앞에 전적으로 무력하고 연약하였습니다. 이 세력에서 벗어날 힘이 없을 뿐 아니라 이 모든 것들 아래 있기를 원했고, 이를 즐겼던 우리였습니다. 지금도 세상은 이 세력들의 지배를 받고 있습니다.

3) 하나님의 진노를 피할 수 없는 진노의 자녀였습니다

"전에는 우리도 다 그 가운데서 우리 육체의 욕심을 따라 지내며 육체와 마음의 원하는 것을 하여 다른 이들과 같이 본질상 진노의 자녀이었더니" (2:3)

이렇게 세상 풍속을 좇으며 마귀가 시키는 대로 하고 육체의 욕심대로 행하는 자는 모두 하나님의 진노의 대상이었습니다. 하나님께서 진노하실 수밖에 없는 심각한 죄악 가운데 있는 이 세상에서 인생은 피할 수 없는 진노의 대상이라는 말입니다. "다른 이들과 같이"는 유대인들이 이방인에 대해 멸시하는 의미로 사용하던 용어입니다. 그러나 본절에서는 그리스도 밖에 있는 모든 사람을 가리킵니다. 이들은 '본질상' 진노의 대상이었습니다. '본질상'은 태어나면서부터 있던 천성적인 것을 나타냅니다(Bruce, Lincoln). 그래서 혹자는 '본질상'이라는 표현이 '원죄설'을 염두에 둔 것이라고 주장합니다(Foulkes). 그러나 이것은 바울이 개종하기 이전의 그리스도인들의 상태를 사실적으로 진술한 것으로 보는 것이 더 타당합니다. '진노의 자녀'는 히브리적 관용구로써 '진노를 받기에 마땅한 자들'을 의미합니다(Bruce, Wood). 본절의 '진노'는 '하나님의 진노'를 가리키며(God's anger, JB), '하나님의 진노'는 모든 죄악에 대해 심판하시는 하나님의 절대적인 거룩성을 증거합니다(롬 1:18; 2:5,8).

우리는 이처럼 죄를 범함으로써 죽었으며, 세상과 마귀와 죄의 지배를 받으며 영원한 하나님의 진노의 대상이었던 소망이 없는 자들이었습니다. 우리가 예수님을 만나기 전의 상태를 세 가지로 말씀하는 것은 아직도 예수 그리스도를 만나지 못한 사람은 여전히 이 비참한 상태에 놓여 있음을 의미하는 것입니다. 세상의 모든 사람들은 범죄함으로 영적으로 다 죽었습니다. 저들은 마귀의 지배를 벗어나지 못하고 하나님의 영원한 진노 가운데 있습니다. 이 멸망에서 벗어날 길이 없습니다. 우리도 예수님을 만나기 전에는 허물과 죄로 죽었던 죄인들이었음을 분명히 알아야 합니다.

2. 하나님의 크신 사랑으로 구원을 받았습니다

"긍휼에 풍성하신 하나님이 우리를 사랑하신 그 큰 사랑을 인하여" (2:4)

우리가 예수 그리스도를 만난 이후에 변화를 입은 것은 낮과 밤이 다른 것처럼 명백하고 확실한 변화입니다. 이 변화를 이루신 분은 '긍휼에 풍성하신 하나님' 이십니다. 하나님은 위대하고 복된 변화의 주재자이시며 그분의 위대한 사랑이 이러한 변화의 샘이요, 근원이 됩니다. 그러므로 하나님은 긍휼을 나타내시기로 결심하셨습니다. 사랑은 피조물인 우리에게 선을 행하시려는 하나님의 성향입니다. 피조물을 향한 하나님의 영원하신 사랑과 선한 의지는 모든 하나님의 긍휼이 우리를 향해 솟아 나오는 근원입니다. 하나님의 사랑은 위대한 사랑이며, 하나님의 긍휼은 풍부하고도 표현할 수 없을 만큼 위대한 긍휼입니다.

"너희가 은혜로 구원을 얻은 것이라" (2:5), "너희가 그 은혜를 인하여 믿음으로 말미암아 구원을 얻었나니 이것이 너희에게서 난 것이 아니요 하나님의 선물이라"(2:8)고 하였습니다. 모든 회개한 죄인들은 구원받은 죄인임을 기억해야 합니다. 그들은 죄와 진노로부터 놓임을 받았습니다. 하나님은 율법의 공적으로가 아니라 예수 그리스도 안에 있는 믿음을 통하여 그들을 구원하셨습니다. 이 믿음을 통하여 죄인들이 복음의 크나큰 축복에 참여하게 되었습니다. 큰 영향력을 가진 믿음과 구원은 하나님의 선물입니다. 믿음의 큰 목적은 하나님의 계시와 하나님께서 우리에게 주신 증언과 증거에 의하여 확실하게 알려졌습니다. 우리가 믿음을 통하여 구원을 얻었고, 그 구원을 믿는 것은 전적으로 하나님의 도우심과 은혜에 의한 것입니다. 하나님은 모든 사람에게 은혜가 주어질 수 있도록 이 모든 것을 정하셨습니다.

1) 예수님을 믿는 우리는 영적인 생명을 얻은 자가 되었습니다

"허물로 죽은 우리를 그리스도와 함께 살리셨고 (너희가 은혜로 구원을 얻은 것이라) 또 함께 일으키사 그리스도 예수 안에서 함께 하늘에 앉히시니"(2:5-6)

함께 살리신 것은 우리의 '중생', 함께 일으키신 것은 우리의 '부활', 하늘에 함께 앉히신 것은 우리의 '영화'를 말합니다. 예수 그리스도께서 십자가에 못 박혀 죽으시고 사흘만에

부활하셨습니다. 그리고 하늘로 승천하셔서 아버지의 보좌에 앉아 계십니다. 이것이 그리스도께서 하신 구원역사입니다.

지금 우리가 예수 그리스도를 믿는다는 것은 어떤 의미가 있습니까? 우리가 십자가에 죽은 일도 사흘만에 부활한 일도 없습니다. 우리가 승천하거나 하나님의 보좌 우편에 앉았던 적도 없습니다. 그러나 우리가 그리스도를 믿을 때에 우리는 그리스도와 함께 십자가에 못 박힌 것이 되었고, 그분을 장사지낼 때에 우리도 장사지낸 바 되었으며, 그분이 살아나셨을 때에 우리도 살아났으며, 그리스도가 하나님의 보좌 우편에 앉으신 것이 바로 우리가 하나님의 보좌 우편에 앉은 것이 된다는 말입니다. 왜냐하면 우리의 죄악을 담당하시기 위해서 그분이 십자가를 지셨기 때문입니다. 그분이 죽으신 것과 살아나신 것도, 그분이 하늘로 오르시고 하나님 우편에 계신 것도 우리를 위해서임을 믿으시기 바랍니다. 이러므로 우리가 이 세상에 살고 있으나 우리의 영적인 위치는 하늘에 있습니다. 평생 죽기를 두려워하며 죄에게 종노릇하는 우리를 부활의 산 소망으로 죽음에서 해방시켜 주셨습니다.

예수님은 말씀하셨습니다. "내가 진실로 진실로 너희에게 이르노니 내 말을 듣고 또 나 보내신 이를 믿는 자는 영생을 얻었고 심판에 이르지 아니하나니 사망에서 생명으로 옮겼느니라"(요 5:24) 이제 우리는 죽음의 문제를 해결 받고 영생을 얻었습니다. 사망의 해를 받지 않는 자가 되었습니다. 그리스도께서 우리를 사망의 종으로부터 구원하셨습니다. 이것은 다 하나님의 크신 사랑으로 이루어졌습니다. 예수 그리스도께서 이루신 구속의 은혜를 누구나 받는 것은 아닙니다. 이 구원의 은혜를 받는 것은 믿음으로 받습니다.

2) 구원은 하나님의 선물입니다

"너희가 그 은혜를 인하여 믿음으로 말미암아 구원을 얻었나니 이것이 너희에게서 난 것이 아니요 하나님의 선물이라" (2:8)

구원은 하나님의 선물입니다. 구원은 믿음으로 말미암아 얻습니다. 이 믿음은 하나님의 은혜로 주어지므로 우리의 구원은 하나님의 선물입니다. 그러므로 믿음을 선물로 받은 사람은 귀하고 놀라운 구원을 받은 것입니다. 이것은 인간의 힘으로는 도무지 얻을 수 없는 것입니다.

어떤 물건을 내 것으로 만드는 방법은 여러 가지입니다. 돈을 주고 사거나 상품으로 받을 수도 있습니다. 일을 하고 그 삯으로 받기도 합니다. 아니면 도적질하여 내 것으로 만들 수도 있습니다. 그러나 선물은 선물을 하려는 사람의 마음에 있기 때문에 주려고 하는 사람이 마음만 먹으면 아주 쉬운 것이지만, 선물하려는 마음이 없을 때는 어떤 경우도 불가능합니다. 선물이란 원래 거저 주는 것입니다. 그러나 선물이라는 것은 그 속에 깊은 사랑이 담겨 있습니다. 선물을 물질로만 받으면 뇌물이 됩니다. 문제는 그 선물에 담겨 있는 사랑입니다. 그 사랑을 받아들이고 그 사랑을 깨닫고 수용하게 될 때 비로소 선물이 됩니다. 주는 자도 감사하며 기쁜 마음으로 주고, 받는 자도 감사한 마음으로 받을 때에만 선물이 될 수 있습니다. 선물의 의미를 모르면 그것은 뇌물이 되고 맙니다. 그래서 선물을 받을 때에는 겸손하게 받아야 합니다. 그 사랑의 뜻을 모르고 그 사랑을 수용하지 못한다면 아무 의미가 없습니다. 사랑은 본래 어떤 보상이나 대가가 아닙니다. 갚을 수 없는 은혜입니다.

여기에서 우리가 알아야 할 것이 있습니다. 우리가 이 은혜를 값없이 받은 것이지만 값을 치르지 않고 우리에게 온 것은 아닙니다. 예수 그리스도의 십자가에서의 죽음을 그 대가로 치르시고 이루신 것입니다. 오직 하나님의 은혜로 된 하나님의 선물입니다. 우리는 놀라운 은혜를 받을 수 있는 이 믿음을 하나님으로부터 선물로 받았습니다.

3. 은혜를 주신 이유

"우리는 그의 만드신 바라 그리스도 예수 안에서 선한 일을 위하여 지으심을 받은 자니 이 일은 하나님이 전에 예비하사 우리로 그 가운데서 행하게 하려 하심이니라" (2:10)

우리는 하나님의 지으신 피조물로서 그리스도의 구속을 입게 하셨습니다. 우리는 '그리스도 예수 안에서 선한 일을 위하여 지으심을 받은 자' 라고 하였습니다. 이 일을 위하여 우리에게 예수를 믿게 하시고 우리로 하여금 그 가운데 행하게 하려 하십니다. 그러므로 우리는 이 세상에서 할 일이 있음을 기억해야 됩니다. 그리스도 예수 안에서 선한 일은 우리가 받은 이 구원의 은혜를 감사하며 자랑하고 전하는 일입니다. "이는 그리스도 예수 안에서 우리에게 자비하심으로써 그 은혜의 지극히 풍성함을 오는 여러 세대에 나타내려 하심이니라"(2:7) 우리로 하여금 하나님 아버지의 택하심과 예수 그리스도의 구속하신 은혜, 성령님의 인 치신 은혜, 우리를 죄와 사망과 마귀에게서 구원하시고 영생을 주신 이 은혜의 지극히 풍성하심을 오는 여러 세대에까지 전하게 하는 것이 곧 우리로 영광의 찬미가 되게 하시려는 것입니다.

"행위에서 난 것이 아니니 이는 누구든지 자랑치 못하게 함이니라"(2:9) 행위에서 난 것이 아니니 이는 누구든지 자랑하지 못하게 하려 함입니다. 이 은혜를 아는 자라면 그 믿음도 하나님께서 선물로 주신 것이니 자랑할 것이 아무것도 없음을 알아야 합니다. 그러므로 자신을 자랑하지 말고 주님만 자랑하고, 그 은혜의 지극히 풍성함을 나타내며 자랑해야 합니다. 이를 위하여 우리를 구속하셨습니다.

주님보다 더 귀하신 분은 없습니다. 이 세상에 주님보다 더 사랑하거나 더 자랑할 것은 없습니다. 예수님을 제일 잘 믿는 사람은 하나님의 은혜를 알고 감사하는 사람입니다. 어떤 것도 자랑할 것이 없는 부족한 것뿐인 자신에게 엄청난 은혜를 부어주신 분이 예수님임을 알고 자랑하는 사람, 하나님께 영광을 돌리며 찬송하는 사람이 잘 믿는 사람입니다. 이런 사람의 자랑을 통하여 하나님께서 영광을 받으시고 그리스도가 증거됩니다. 성숙한 믿음의 사람은 하나님께 달라는 것보다 하나님께 감사하는 사람입니다. 하나님을 알고 하나님의 은혜를 깨달아 찬송하며 전하는 사람입니다. 우리는 전적으로 하나님의 은혜로, 오직 믿음으로 구원을 받았습니다. 이 믿음은 전적으로 하나님의 선물입니다. 그러므로 우리는 주님의 은혜에 감사하며 증거해야 합니다.

영국인 존 뉴턴은 한 영국 상선 선장의 아들로 태어났습니다. 6세에 어머니를 여의고 어쩔 수 없이 11세부터 아버지를 따라 선원이 되었습니다. 배 안에서 선원들과 함께 생활하다 보니 포악한 행동과 거친 언어와 문화 속에서 난폭한 성격으로 성장하게 되었습니다. 마침내 뉴턴은 문제를 일으켜 배에서 쫓겨나게 되었습니다. 그는 육지에서도 방탕한 생활과 말할 수 없는 많은 죄를 지으며 살아갔습니다. 그러던 중에 달리 보고 배운 것이 없는 그는 다시 배에 오르게 되고 노예선 선장이 되었습니다. 아프리카에서는 뛰어 다니는 원주민들을 닥치는 대로 잡아ー짐승을 잡듯ー영국과 중국 등 사방으로 다니며 노예로 팔았습니다. 존 뉴턴은 그렇게 노예상인이 되었습니다. 그러던 어느 날도 노예상선을 타고 고국을 향해 가던 길에 토마스 아 켐피스의 「그리스도를 본받아서」라는 책을 읽게 되었습니다. 이 신앙서적을 읽으면서 은혜를 받고 회개하여 하나님의 사람이 되었습니다. 그리고 그는 지난날을 생각해 보았습니다. 수많은 사람을 죽이고, 수많은 사람을 노예로 팔았으며…말로 다 할 수 없는 많은 죄를 지었습니다. 그의 모든 죄를 회개하면서 늘 울며 살았습니다. 그 후 그는 39세에 목사가 되어 82세까지 복음을 전하며 살았습니다. 그가 항상 부르짖는 말은 '나 같은 죄인 살리신' 입니다. 우리가 즐겨 부르는 찬송 405장은 바로 이 존 뉴턴이 지은 것입니다. 그는 생각합니다. '내가 누구요? 나는 과거에 노예선장이었소. 예수 그리스도께서 나를 구속하심으로 십자가로 말미암아 내가 구속함을 받고 오늘은 오직 은혜로 사는 것이오.'

우리가 구원받은 것은 전적으로 주님의 은혜로 된 것이므로 우리가 자랑할 것은 아무것도 없습니다. 오직 우리를 죄악에서 구원하신 하나님의 은혜를 자랑해야 합니다. 우리는 이미 은혜 가운데에 있습니다. 우리가 주 예수를 믿어 구원받은 것은 큰 은혜입니다. 그러나 우리가 스스로 누리고 있는 은혜의 은혜됨을 모르기 때문에 여전히 불행하고, 낙심하고, 절망하게 되는 것입니다. 믿음이란 참으로 귀한 것입니다. 믿어지지 않으면 아무리 믿어 보려고 해도 도리가 없습니다. 믿음은 자기의 마음대로 할 수 없습니다. 그래서인지 어떤 분들은 이런 말을 합니다. "아무것도 믿지 못하겠다. 세상, 부모, 자식뿐만 아니라 나 자신도 믿지 못하겠다. 물론 하나님도 믿지 못하겠다"고 탄식합니다. 이런 사람은 믿음을 버린 사람입니다. 참으로 불쌍한 사람입니다.

그런데 우리는 죄악 가운데서도 예수님의 십자가의 은혜를 인하여 구원받았다는 것을 알고 믿습니다. 그리고 그 예수님을 자랑합니다. 구원의 은혜를 선포할 수 있는 믿음이 있습니다. 이것이 은혜입니다. 믿어지고 감사하며 자랑하는 것이 은혜입니다. 은사는 가시적·구체적 은혜입니다. 그런고로 믿음 또한 은혜입니다. 믿어지는 것, 깨달아지는 것, 감격하는 것 자체가 은혜라는 말입니다.

세계 제1의 강철왕이라 불리우는 카네기는 스콜틀랜드에서 살았습니다. 그러나 그 곳에서의 사업이 너무나 어려워져 급기야 파산에까지 이르게 되었습니다. 곤궁에 처한 카네기는 하던 일을 정리하여 어머니를 비롯한 온 가족이 미국으로 이민을 가려고 하였습니다. 그러나 여비가 없었습니다. 남은 돈을 다 모아봤지만 부족하였습니다. 그런데 어머니의 친구인 헨덜슨 부인이 선뜻 20파운드를 빌려 주었습니다. 언제 돌려받는다는 보장도 없이 멀리 낯선 땅으로 이민 가는 사람들을 믿고 빌려 준 것입니다. 카네기 가족은 너무나 고마워 감격하였습니다. "고맙습니다. 빌린 돈은 다음에 꼭 갚겠습니다"라고 거듭 약속을 하였습니다. 그렇게 미국으로 떠난 카네기 가족은 도착하자마자 열심히 일하였습니다. 수많은 고생을 참아가며 닥치는 대로 돈을 벌었습니다. 그러면서도 헨덜슨 부인의 돈을 갚기 위하여 하루에 50센트씩 꼬박꼬박 저축하였습니다. 양말 속에 한푼 두푼 모은 것이 어느 덧 30파운드와 맞먹는 200불이 되었습니다. 이제 드디어 빚을 갚을 수 있게 된 것입니다. 카네기 가족은 200불을 송금수표로 바꾼 후 성대하게 축제를 벌였습니다. "이제 빚을 갚고 자유롭게 되었다"라고 서로 축하해 주며 기뻐하였습니다. 축제장에서 카네기는 이런 유명한 말을 하였습니다. "여러분, 빚은 갚을 수 있습니다. 그러나 우리가 받은 은혜는 영원히 갚을 수 없습니다. 은혜를 갚을 수 있는 것이라고 생각하지 마십시오. 갚을 수 없는 것이 은혜입니다. 빚은 갚을 수 있으나 은혜는 갚을 수 없습니다. 우리는 이 은혜에 대하여 평생 고마운 마음을 지니고 살아야 할 것입니다."

그렇습니다. 문제는 은혜를 보상으로 알고 은혜를 갚을 수 있다고 생각하는 데 있습니다. 빌린 돈은 갚을 수 있지만 그가 나에게 준 사랑은 결코 갚을 수 없습니다. 우리는 이 사실을 잊지 말아야 할 것입니다. 모든 것이 하나님의 선물이요 은혜입니다. 믿음도 은혜입니다. 그러므로 나는 자랑할 것이 없습니다. 오직 하나님께 영광을 돌릴 뿐입니다. 은혜와 구원은 다 선물입니다.

선물을 받은 사람은 먼저 감사하며 기뻐해야 합니다. 선물을 받았다는 것은 기쁨이요 감사입니다. 우리에게 은혜를 베푸신 분께, 그리스도께, 하나님께 온전히 헌신해야 합니다. 그것이 주신 은혜에 대한 진정한 보답일 것입니다. "너희가 그 은혜를 인하여 믿음으로 말미암아 구원을 얻었나니 이것이 너희에게서 난 것이 아니요 하나님의 선물이라" (2:8) 아멘.

> ¹¹그러므로 생각하라 너희는 그 때에 육체로 이방인이요 손으로 육체에 행한 할례당이라 칭하는 자들에게 무할례당이라 칭함을 받는 자들이라 ¹²그 때에 너희는 그리스도 밖에 있었고 이스라엘 나라 밖의 사람이라 약속의 언약들에 대하여 외인이요 세상에서 소망이 없고 하나님도 없는 자이더니 ¹³이제는 전에 멀리 있던 너희가 그리스도 예수 안에서 그리스도의 피로 가까워졌느니라
>
> (에베소서 2:11-13)

07

그 때에 그리고 이제는 1

　모든 사람에게는 과거와 현재가 있습니다. 우리 그리스도인들에게도 '그 때와 이제' 라는 감격스런 신앙고백이 있습니다. 예수님을 몰랐던 지난 날, 죄와 갈등과 의심과 불안 가운데 살던 때가 있었습니다. 그런가 하면 주 예수를 만났을 때의 그 감격과 그 후의 놀라운 변화, 그리고 감사할 일들에 대한 아름다운 고백도 있었습니다. 우리는 우리의 그 때의 모습과 현재의

모습을 비교해 보면서 신앙생활을 해야 합니다.

오늘의 성경 말씀을 통해 우리의 과거와 오늘을 비교해 볼 수 있습니다. 그리스도 안에서 우리는 새로운 피조물이 되었습니다. 이제 우리의 신분은 완전히 달라졌습니다. 우리는 그 때를 알고 이제를 바로 알아야 합니다.

1. 그 때에는

1) 육체적으로 볼 때에는 이방인입니다

"너희는 그 때에 육체로 이방인이요" (2:11)

유대인들 외에는 모든 사람이 이방인입니다. 한국인, 미국인, 일본인도 다 이방인입니다. 그런데 성경이 이방인이라고 말할 때에 그것은 하나님으로부터 멀리 떨어져 있는 소외되고 대우받지 못하는 자들을 의미합니다. 다시 말하면, 이방인에게는 하나님의 율법과 여호와의 신앙이 없습니다. 이방인은 하나님의 선택에서 제외된 자들이므로 나그네요 '이상한 사람들' (Strangers)입니다.

우리가 예수를 믿기 전, 하나님을 알기 전인 그 때는 다 이방인이었습니다. 하나님과 무관한 자였습니다. 우리는 그 때에 하나님을 모르고 살았습니다.

2) 무할례당이었습니다

"손으로 육체에 행한 할례당이라 칭하는 자들에게 무할례당이라 칭함을 받는 자들이라"(2:11)

유대인들은 남자 아이가 태어나면 8일 만에 할례를 받게 합니다. 지금의 포경 수술과 비슷합니다. 이것을 하나님과의 언약의 표시로 삼습니다. 그들은 그것이 하나님의 선택된 백성의 표라고 믿었고, 지금도 그렇게 행합니다. 그것은 하나님께 대한 순종이요, 하나님께 속한 특별한 자녀임을 나타내는 표시이기도 합니다. 또한 이 할례는 단순한 의식만이 아니라 하나님의 율법에 대한 철저한 준수를 의미합니다. 아주 어릴 적에 받는 할례를 시작으로 이제 평생 율법을 지키겠다는 약속이기도 합니다. 사실은 여기서부터 그의 평생은 율법에 얽매이게 됩니다.

그러나 이방인에게는 그런 할례라는 관례가 없습니다. 그러므로 '무할례당'이라는 말은 하나님의 법을 모르는 자들이라는 의미를 포함합니다. 특히 한국 백성은 불교와 유교와 미신의 문화 속에 살면서 하나님을 몰랐습니다. 선교사들이 들어오기 전까지는 달과 별과 바위와 고목을 섬기는 사람들이 아주 많았습니다. 하나님을 알기 전에 우리는 이렇게 하나님의 율법과는 거리가 먼 사람들이었습니다. 하나님의 법을 모르고 죄만 짓고 살았습니다.

3) 그리스도 밖에 있었습니다

"그 때에 너희는 그리스도 밖에 있었고"(2:12)

그리스도는 길이요 진리요 생명이십니다. 따라서 그리스도 밖에 있다는 것은 길을 찾지 못한 것이요, 진리를 모른다는 것이요, 영원한 생명이 없다는 것입니다. 그리스도가 빛이시므로 그리스도 밖에 있다는 것은 곧 어둠 가운데 있다는 말입니다. 목자도 없이 뜨거운 뙤약볕 아래에서 물과 풀을 찾아 헤매는 양들을 생각해 보십시오. 그리스도 밖에 있다는 것은 삶의 주인이 여전히 자기 자신임을 의미합니다. 유일한 구원의 문이신 예수를 떠나 있으니 죄로부터 구원을 받지 못한 상태입니다. 즉, 아직 하나님을 바로 알지 못하는 처지에 놓인 것입니다. 예수 그리스도를 모르면 하나님께로 나올 수 없기 때문입니다. 하나님을 믿기 전에 우리는 그리스도 밖에 있었습니다. 그리스도 밖이란 하나님 밖에 있는 것을 말합니다. 하나님이 없이 하나님을 거역하며 사는 것을 말합니다. 오늘날 이 시대는 하나님이 없이 자기 마음대로 사는 세상입니다.

4) 이스라엘 밖의 사람들이었습니다

"이스라엘 나라 밖의 사람이라"(2:12)

유대인들은 히브리 사람, 또는 이스라엘 사람 등으로 불리는 것을 아주 명예롭게 생각했습니다. 그러므로 이스라엘 나라 밖에 있다는 것은 하나님의 백성이 아니라는 뜻입니다. 우리는 이스라엘 백성이 아닌 한국인입니다. 그러나 성경에서 의미하는 이스라엘은 하나님의 보호와 공급과 사랑을 받는 선민을 의미합니다.

그러면 하나님의 백성이 아니면 누구입니까? 성경은 하나님께 속하지 않은 자는 결국 세상에 속한 자요, 공중에 권세 잡은 악한 자에게 속해 있다고 말씀합니다. 우리는 마귀의 종노릇을 하던 사람들이었습니다. 이스라엘은 결코 우상 숭배와 미신을 섬기지 못합니다. 선민이요 계명을 가진 백성이기 때문입니다. 그러나 이스라엘 밖에 있는 자들은 미신을 섬깁니다.

5) 약속의 언약들에 대해서는 외인이었습니다

"약속의 언약들에 대하여 외인이요" (2:12)

하나님은 이스라엘과 위대한 약속을 하셨습니다. 성경은 하나님의 언약으로 가득합니다. 말씀을 경청하고 순종하는 자에게는 엄청난 복을 주시는 반면, 불순종하고 거역하는 자에게는 무서운 심판과 형벌이 있다는 언약의 말씀입니다. 그래서 하나님을 순종한 자들은 풍성한 삶을 살았지만, 그의 말씀을 거역하고 대적한 자들은 재앙과 진노의 대상이 된 것입니다. 그런데 약속 없는 삶을 사는 것만큼 비참하고 처량한 것이 없습니다. 멀리 떠난 부모나 남편이 반드시 돌아온다는 약속이 있으면 그래도 소망이 있지만, 아주 떠난 경우에는 삶이 흐트러지기 쉽습니다. 그런 경우에 하나님의 약속의 말씀도 의지하지 않는다면 그야말로 절망적입니다. 우리 주위에는 약속도 없고 말씀도 없이 살아가는 사람들이 너무도 많습니다.

6) 세상에서 소망도 없었습니다

"세상에서 소망이 없고" (2:12)
그리스도를 믿기 전에는 진정한 의미의 소망이 없습니다. 우리는 내일 일을 모르는데 자신이 스스로의 삶을 붙잡고 있으니 소망이 불투명한 것은 당연한 것입니다. 우리가 낙심도 하고 절망도 하는 것은 소망이 없기 때문입니다. 살 소망을 잃었기 때문에 자살도 할 수 있는 것입니다. 우리도 하나님을 믿기 전에는 약속도 소망도 하나님도 없었습니다. 이처럼 예수 밖에 있는 사람들은 소망이 없습니다. 그래서 절망적인 사건이 발생하면 낙심하고, 비관하며, 쉽게 포기하고 자살도 하게 됩니다. 대재벌의 회장이 자살한 것도 소망이 없다고 생각했기 때문입니다. 그러나 다니엘과 요셉은 절망하지 않았습니다. 사도 바울도 엄청난 환난 가운데서도 절망하지 않았습니다. 그들은 소망이 있었기 때문입니다. 그러나 오늘날에는 소망이 없이 살아가는 사람들이 너무도 많습니다.

7) 하나님도 없는 자들이었습니다

"하나님도 없는 자이더니"(2:12)

하나님은 예전이나 지금이나 변함 없이 살아 계십니다. 그러나 그를 믿지 않는 자들에게는 하나님이 죽으신 것과도 같습니다. 하나님 앞에서 사는 사람과 하나님이 없이 사는 사람의 삶은 다릅니다. 하나님도 없이 사는 사람은 무절제한 삶을 살 수 있습니다. 히틀러는 전쟁 때 유대인 600만 명을 살해하였습니다. 일본 제국주의자들의 식민지 박해와 그들의 잔인한 행동, 그리고 공산주의자들 또한 많은 사람들을 희생시켰습니다. 하나님이 없이 사는 사람들은 이처럼 무서운 죄를 쉽게 짓습니다. 그들은 죄를 짓는 일에도 수단과 방법을 가리지 않습니다. 지존파나 막가파도 역시 하나님이 없이 살 때 무서운 죄를 범하였습니다. 그러나 하나님을 알고 난 후 그들은 변화하여 새로운 피조물이 되었습니다.

2. 이제는

"이제는 전에 멀리 있던 너희가 그리스도 예수 안에서 그리스도의 피로 가까워졌느니라"(2:13)

그런데 어떻게 해서 새로운 변화를 얻게 되었습니까? 유대인과 이방인은 원래 서로 상종하지도 않고 멀리 떨어져 있었습니다. 유대인은 스스로 선택된 백성으로 자처하면서 교만했고, 이방인들은 하나님과 무관한 채 그들의 방식대로 살아갔습니다. 그런데 놀라운 일이 생겼습니다. 예수 그리스도의 피로 그들이 가까워진 것입니다. 예수님의 십자가에서의 죽음은 온 세상을 위한 죽음이었습니다. 우선 종교인인 유대인을 위한 것이었고, 또한 이방인을 대표하는 헬라인을 위한 것이었습니다. 이것은 바로 우리를 위한 죽으심인 것을 가르쳐 줍니다. 그리스도의 죽음이 사람들 사이에 놓인 계곡의 다리가 되신 것입니다. 예수님의 십자가의 보혈이 우리를 새롭게 하였습니다.

술꾼이 변화하여 성자와 같은 사람이 되었습니다. 도박을 하던 자와 방탕한 생활을 하던 자가 새 사람으로 변하였습니다. 이방인이던 자가 하나님의 자녀로 변하였습니다. 무할례당이었으나 이제는 하나님의 말씀을 신앙과 생활의 법으로 삼고 살게 되었습니다. 그리스도 밖에 있었으나 이제는 그리스도 안에서 그와 동행하는 삶을 살고 있습니다. 소망이 없는 자였으나 이제는 소망을 가지고 살아갑니다. 하나님이 없이 살았으나 이제는 하나님을 사랑하고 섬기며 살아갑니다. 예수님의 십자가의 보혈 때문입니다.

그러므로 우리는 십자가의 보혈을 자랑하며 살아야 합니다. 아멘.

¹¹그러므로 생각하라 너희는 그 때에 육체로 이방인이요 손으로 육체에 행한 할례당이라 칭하는 자들에게 무할례당이라 칭함을 받는 자들이라 ¹²그 때에 너희는 그리스도 밖에 있었고 이스라엘 나라 밖의 사람이라 약속의 언약들에 대하여 외인이요 세상에서 소망이 없고 하나님도 없는 자이더니 ¹³이제는 전에 멀리 있던 너희가 그리스도 예수 안에서 그리스도의 피로 가까워졌느니라 ¹⁴그는 우리의 화평이신지라 둘로 하나를 만드사 중간에 막힌 담을 허시고 ¹⁵원수된 것 곧 의문에 속한 계명의 율법을 자기 육체로 폐하셨으니 이는 이 둘로 자기의 안에서 한 새 사람을 지어 화평하게 하시고 ¹⁶또 십자가로 이 둘을 한 몸으로 하나님과 화목하게 하려 하심이라 원수된 것을 십자가로 소멸하시고 ¹⁷또 오셔서 먼데 있는 너희에게 평안을 전하고 가까운데 있는 자들에게 평안을 전하셨으니 ¹⁸이는 저로 말미암아 우리 둘이 한 성령 안에서 아버지께 나아감을 얻게 하려 하심이라

(에베소서 2:11-18)

08

그 때에 그리고 이제는 2

우리는 예수 그리스도를 알기 전 그 때에는 이방인이었지만

이제는 하나님의 자녀가 되었습니다. 이전에 우리는 무할례당이었으나 이제는 하나님의 말씀을 신앙과 생활의 법으로 삼고 살게 되었습니다. 그 때에는 그리스도 밖에 있었으나 이제는 그리스도 안에서 그와 동행하는 삶을 살고 있습니다. 전에는 소망이 없는 자였으나 이제는 소망을 가지고 살아갑니다. 그 때에는 하나님이 없이 살았으나 이제는 하나님을 사랑하고 섬기며 살아갑니다. 이 모든 것이 예수님의 십자가의 보혈 때문입니다.

이제는,

1. 하나님과 화평하게 하셨습니다

"그는 우리의 화평이신지라 둘로 하나를 만드사 중간에 막힌 담을 허시고"(2:14)

'그는 우리의 화평이신지라' 하였습니다. 이 말씀은 예수님은 우리의 평화이심을 뜻합니다. 평화이신 예수님이 평화를 만드시고 또 그 평화를 전하십니다. 이것이 바로 예수님이 이 세상에 오신 목적입니다. 예수님이 세상에 오신 목적 가운데 하나는 물론 우리 한 사람 한 사람을 구원하시는 것입니다. 그러기 위하여 우리는 하나님과 화평을 이루어야 했습니다.

과거에 하나님과 우리는 원수 관계였습니다. 하나님께서 온 천지 만물을 창조하신 뒤에 심혈을 기울여 우리를 하나님의 형상대로 창조하셨습니다. 그리고 우리에게 하나님의 사랑과 의를 주시고, 하나님을 경외하며 하나님 안에서 참 평안과 기쁨을 누리며 살도록 하셨습니다. 그러나 이 평안과 기쁨은 우리의 범죄로 무너지게 되었습니다. 하나님을 하나님으로 섬기기를 거부하고, 하나님처럼 되려고 하며 하나님을 거역하였습니다. 이렇게 인간이 죄를 지음으로써 하나님과 우리 사이가 갈라지게 되었습니다. 그래서 우리는 참 기쁨과 사랑을 상실하게 되었습니다.

그런데 예수님이 둘로 하나를 만드사 중간에 막힌 담을 허셨습니다. 죄는 하나님과 우리 사이의 막힌 담입니다. 남과 북을 가르고 있는 휴전선과 같은 것입니다. 고향을 지척에 두고도 높은 담인 휴전선 때문에 갈 수가 없습니다. 전에 동독과 서독을 가로막은 것은 베를린 장벽이었습니다. 통일이 되기 전인 냉전시대에는 이 막힌 담장을 뛰어 넘다가 수많은 사람들이 목숨을 잃었습니다. 죄는 이와 같습니다. 하나님의 은혜가 우리에게 임할 수 없고, 우리가 하나님께 나아갈 수 없는 높은 담이었습니다.

죄가 하나님과 우리 사이를 가로막아 원수가 되게 하였습니다. 인간들은 하나님과 원수가 되어 하나님을 섬기는 것을 거부하며 하나님을 거역합니다. 하나님 대신에 자기 배를 섬기고, 나무나 돌로 짐승과 버러지의 형상을 만들어 놓고 하나님이라고 섬깁니다. 하나님은 이러한 인간들을 심판대 앞에 세울 수밖에 없었습니다. 그리고 그 죄의 값으로 영원한 저주와 형벌의 장소에 던질 수밖에 없는 것입니다. 그러므로 하나님과 인간 사이는 원수가 되었습니다. 성경은 말씀합니다. "모든 사람이 죄를 범하였으매 하나님의 영광에 이르지 못하더니"(롬 3:23) 죄 때문에 하나님께 나아갈 수도 하나님의 영광의 나라에 참여할 수도 없습니다. "이러므로 한 사람으로 말미암아 죄가 세상에 들어오고 죄로 말미암아 사망이 왔나니 이와 같이 모든 사람이 죄를 지었으므로 사망이 모든 사람에게 이르렀느니라"(롬 5:12) 죄가 하나님과 인간 사이를 가르고 높은 담을 쌓게 함으로써 결과 우리는 하나님과 원수가 되었습니다.

하나님은 인간들이 하나님을 떠나고 하나님을 거역함으로 하나님과 높은 담을 쌓게 된 결과, 그들이 하나님과 원수가 되어 하나님도 없이 죄 가운데 살다가 죄 가운데 죽어 영원한 멸망을 향하여 가는 것을 불쌍히 여기셔서 구원하시기로 작정하셨습니다. 하나님과 높은 담을 쌓고, 하나님과 원수로 지내는 인간들을 구원하시기 위하여 하나님께서 막힌 담을 허셨습니다. 원수 관계를 소멸하고 화목하기로 하셨습니다. 그래서 하나님은 높은 담을 허시기 위하여 자신의 아들을 세상에 보내셨습니다. 원수 관계를 청산하시기 위하여 예수 그리스도를 우리에게 보내셨습니다. 막힌 죄의 담을 허시기 위하여 예수님은 십자가에서 우리를 대신하여 저주를 받으셨습니다. 우리의 모든 죄 값을 대신 치르셨습니다. 죄가 있는 자는 결단코 하나님께 가까이 올 수 없기 때문에 우리의 모든 죄를 정결케 씻어 주시기 위하여 예수님께서 우리를 대신하여 저주와 형벌을 받으신 것입니다.

예수님께서 십자가에 달려 돌아가실 때 성전의 휘장이 위로부터 아래까지 찢어졌습니다. 하나님이 계신다고 믿었던 지성소와 성소를 막아 놓았던 것이 열린 것입니다. 예루살렘 성전에는 이방인이 들어올 수 없는 성전의 담이 있습니다. 유대인 여자들만이 들어올 수 있는 성전 뜰과 유대인 남자들만이 들어올 수 있는 성전이 있습니다. 그리고 제사장이 1년에 한 번만 들어갈 수 있는 지성소가 있습니다. 성소와 지성소에는 큰 휘장으로 가로 막혀 있었는데 그 휘장이 찢어진 것입니다. 이것은 하나님과 인간 사이의 막힌 담이 허물어졌음을 의미합니다. 예수님께서 운명하실 때 '다 이루었다' 고 말씀하셨습니다. 우리 인생의 죄 값을 다 치르셨다는 뜻입니다. 하나님과 인간 사이의 막힌 담을 허무는 일과 하나님과 인간 사이에 원수되었던 것을 화목케 하시는 일을 '다 이루셨다' 는 말입니다.

20세기에 일어난 극적인 사건 가운데 하나는 분단되었던 독일의 통일입니다. 그런데 이 통일은 아주 극적으로 일어났습니다. 1989년 11월, 동독에서는 연일 개혁을 요구하는 시위가 있었습니다. 동독 공산당은 중앙 위원회를 열어 한 가지 파격적인 조치를 의결하였습니다. 서독으로의 여행 자유화 조치로써 비자를 신청하면 누구든지 서 베를린으로 갈 수 있다는 내용입니다. 저녁 7시, 공산당 당수는 기자 회견을 시작하였습니다. "바로 지금부터 여행 자유화가 시작된다"고 발표하였습니다. 놀란 기자들이 "지금이냐"고 물었을 때에 당수는 "지금 즉시"라고 대답하였습니다. 이 소식을 들은 국민들은 분단의 상징인 브란텐브르크 문으로 몰려들었습니다. 쌀쌀한 날씨였음에도 불구하고 수많은 사람들이 모였습니다. 경비병들은 여전히 총을 든 채 장벽을 지키고 있었습니다. 그러나 한 두 명이 조심스럽게 장벽으로 다가가 올라갔지만 예전처럼 총소리가 들리지 않았습니다. 군중들은 일제히 환호하며 담장으로 올라갔습니다. 그리고 콘크리트 담장은 허물어졌습니다. 이렇게 하여 44년 간의 분단의 벽은 무너지고 동·서독이 하나가 되었습니다. 1년도 되지 않아 동·서독은 통일이 되었습니다. 이 갑작스러운 변화는 아무도 예측하지 못했던 일입니다.

이보다 더 놀라운 소식은 바로 하나님과 우리 사이에 막힌 담이 헐리고 화평이 이루어진 것입니다. 예수님을 통하여 우리와 멀리 계시던 하나님과 가까워졌습니다. 이제 천국 백성이 되었습니다. 하나님의 자녀로서의 권세를 가지고 살게 되었습니다. 언제라도 하나님 앞에 나와서 찬양하며 예배드릴 수 있고 기도할 수 있는 특권을 얻었습니다.

예수 밖에 있는 사람들, 예수의 보혈을 모르는 사람들은 지금도 우상 앞에 절을 하며 여전히 죄를 지으며 살아갑니다. 여전히 하나님과 원수 맺는 일을 하고 있습니다. 우리도 예수를 모를 그 때에는 우상을 섬기며 죄를 지었습니다. 그것은 하나님이 가장 싫어하시는 것입니다. 제1,2계명은 '다른 신을 섬기지 말라. 우상을 만들지 말고 거기에 절하지 말라' 는 내용입니다.

이제 우리는 예수 그리스도를 통하여 하나님과 화목하며 평화를 누리며 살고 있습니다. 이 화평을 영원히 누리는 성도가 됩시다.

2. 인간과 화평을 이루게 하셨습니다

예수님을 통하여 우리는 사람과의 화평을 이루게 되었습니다. 예수 그리스도의 보혈로 구원받은 사람들은 그리스도 안에서 한 지체이므로 인간과 인간 사이를 막고 있는 모든 벽과 담이 무너지고, 그리스도 안에서 진정한 평화를 성취하도록 하셨습니다. 예수님은 이 평화를 가지고 유대인과 이방인 사이의 도저히 넘을 수 없었던 그 두꺼운 담을 넘어 오셨습니다. 예수님 자신이 십자가에서 보배로운 피를 흘리심으로 그 담을 무너뜨리시고 평안을 선포하셨습니다. 그들이 누구일지라도 예수 그리스도의 보혈을 깨닫고 그분을 주님으로 믿는다면 예수 안에 들어오게 되어 하나님의 거룩한 백성이 됩니다.

"원수된 것 곧 의문에 속한 계명의 율법을 자기 육체로 폐하셨으니 이는 이 둘로 자기의 안에서 한 새 사람을 지어 화평하게 하시고"(2:15) "의문에 속한 계명의 율법"은 '원수 된 것'을 수식하는 것으로, 십계명과 같은 커다란 계명과 수많은 세세한 규정들로 구성된 모세 율법을 의미합니다. 그리스도는 자기 육체, 즉 십자가의 대속적 죽음으로 '율법'을 폐하셨습니다. 성경은 말씀합니다. "그러므로 내 형제들아 너희도 그리스도의 몸으로 말미암아 율법에 대하여 죽임을 당하였으니"(롬 7:4) 율법에서 자유함을 얻기 위하여 죽는 것은 바로 옛 사람인 바, 이 옛 사람은 그리스도와 함께 십자가에서 죽음을 맛보게 되었습니다. 우리의 옛 사람이 그리스도와 함께 죽은 것을 강조하기 위하여 '그리스도의 몸으로 말미암아'라고 표현하였습니다.

인간이 구원을 얻는다는 것은 율법을 완성하여 하나님 앞에서 온전한 의를 이루는 것입니다. 그러나 죄로 인해 타락한 인간은 율법의 의를 이룰 수 없습니다. 그래서 하나님께서 보내신 분이 바로 그리스도이십니다. 그리스도께서는 인류를 대표해서 하나님의 율법을 완성하셨습니다(롬 5:14). 예수님은 스스로 '율법을 폐하러 온 것이 아니요 완전케 하려 함'이라고 선언하셨습니다(마 5:17). 바로 그리스도 안에서 인간은 율법의 의를 완성함으로써 하나님께 구원을 얻을 수 있도록 하셨습니다. 율법의 완성은 인간에게 있는 것이 아니라 그리스도 안에 있기 때문에(롬 8:2), 누구든지 그리스도 안에 거해야만 해방의 기쁨을 누릴 수 있습니다. 그리스도 안에 거하는 것은 곧 그리스도를 구주로 믿고 마음에 영접하는 것을 의미합니다

(요 1:12). 오직 구원은 그리스도 안에 있는 의의 법을 통해서 믿는 자에게 하나님의 은혜로 임합니다. 그리스도께서 우리를 위하여 저주를 받은 바 되사 율법의 저주에서 우리를 속량하셨다고 합니다(갈 3:13).

이는 이 둘로 자기 안에서 한 새 사람을 지으셨습니다. 그리스도는 유대와 이방 세계를 하나로 만드셨습니다. 유대와 이방은 문화권과 종교적 전통이 다릅니다. 오랜 세월 동안 서로 건널 수 없는 단절의 역사가 두 세계 사이에는 이어져 왔습니다. 두 세계는 마치 물과 기름, 개와 고양이처럼 도무지 공존할 수 없었습니다. 그런데 십자가가 이 두 세계를 하나로 만들었습니다. 십자가는 전혀 새로운 사람으로 다시 태어나게 합니다. 십자가를 접하는 모든 사람들로 하여금 모든 과거의 잘못을 장사지내고 그리스도로 옷 입는 '새 사람'이 되게 합니다. 우리 인생을 하나로 묶을 수 있는 것은 오직 주 예수께서 '내' 맘에 들어오셔서 나를 변화시켜 새 사람이 될 때만 가능합니다. 그리스도께서 인생의 주인으로 '내' 속에 좌정하시는 순간부터 인생관과 가치관이 변하여, 그리스도 안에 새로운 통합과 일치를 이루어 변화된 새 삶을 살게 됩니다. 그 때부터 '우리 주 예수 그리스도로 말미암아 하나님께 감사하리로다'라는 감사의 삶을 살 수 있게 됩니다. 그리스도는 모든 인간의 분열된 인격을 하나로 만드실 수 있는 유일한 분이십니다.

"그런즉 누구든지 그리스도 안에 있으면 새로운 피조물이라 이전 것은 지나갔으니 보라 새 것이 되었도다"(고후 5:17) 이제 그리스도 안에서는 모든 인종적, 문화적 차별이 철폐되었습니다. 유대인과 이방인에게도 그리스도로 인하여 이제 유대인도 이방인도 아닌 전혀 새로운 그리스도의 백성이 된 것입니다. 이제 지역적으로는 멀리 떨어져 있지만 두 세계의 거리는 결코 멀지 않습니다. 과거에는 두 세계 사이에 보이지 않는 긴장 관계가 있었지만 이제는 아주 친밀한 유대 관계가 형성되었습니다. 이것은 다 그리스도의 십자가로써 이루어진 일입니다.

"또 십자가로 이 둘을 한 몸으로 하나님과 화목하게 하려 하심이라"(2:16) 그리스도가 오시기 전까지는 인류에게 가장 큰 비극이 하나님과의 '원수됨' 이었습니다. 아담이 에덴동산에서 범죄한 후로 인류는 하나님과 멀어졌고 가까워질 수 있는 길이 없었습니다. 모든 인류의 불행과 비극은 이러한 하나님과의 분리에서 비롯되었습니다. 그러나 그리스도께서 오심으로써 이러한 하나님과 인류의 분리는 새로운 전환점을 맞게 됩니다. 즉 그리스도께서 자신을 '화목 제물'(롬 3:25, 요일 4:10)로 드림으로써 하나님과 인류 사이를 화목하게 하신 것입니다. "이 예수를 하나님이 그의 피로 인하여 믿음으로 말미암는 화목 제물로 세우셨으니 이는 하나님께서 길이 참으시는 중에 전에 지은 죄를 간과하심으로 자기의 의로우심을 나타내려 하심이니"(롬 3:25) 그리스도의 십자가로 하나님과 인류의 원수 관계는 완전히 청산되었을 뿐만 아니라 새로운 관계가 형성되었습니다. 즉 하나님은 인류의 '아버지'가 되시고, 그리스도를 믿는 모든 성도는 하나님의 '자녀'가 된 것입니다. 그리스도인들이 성령 안에서 아버지 하나님과 새로운 관계를 맺으며 살아가게 됩니다. "너희는 다시 무서워하는 종의 영을 받지 아니하였고 양자의 영을 받았으므로 아바 아버지라 부르짖느니라 성령이 친히 우리 영으로 더불어 우리가 하나님의 자녀인 것을 증거하시나니"(롬 8:15-16) 그리스도께서 하나님과 성도의 관계를 '가족'으로 묘사한 것은 완전히 '하나'가 되었다는 뜻입니다. 하나님은 그리스도를 통해 자신의 백성이 된 성도에게 조건 없이 복을 주시고 보호하십니다. 마찬가지로 성도는 우리의 창조주가 되시고 구속주가 되시는 아버지 하나님께 충성하며 봉사하고 헌신해야 합니다.

1871년, 고고학자들이 예루살렘 성전 뜰에서 발견한 돌판에 이런 글이 새겨져 있었습니다. "어느 나라 사람이든지 이방인은 이 담 안으로 들어오지 못합니다. 만일 들어오게 되면 죽을 것입니다. 그러나 그 책임은 본인에게 있습니다." 이처럼 이방인들은 하나님과 멀리 떨어져 있었습니다. 그러나 예수님은 이 민족들 사이에 막힌 담을 허셨습니다. 그래서 "유대인이나 헬라인이나 차별이 없느니라"(롬 10:12)고 선언합니다. 하나님 안에서 유대인이나 헬라인이나 이방인이나, 흑인이나 백인이나, 부자나 가난한 자나, 배운 자나 배우지 못한 자나 모두 다 하나님의 자녀입니다.

사도행전 10장을 보면 베드로가 기도하는 가운데 환상을 보게 되었습니다. 하늘이 열리며 큰 그릇이 내려오는데 그 안에는 이방인들이 먹는 돼지를 비롯하여 많은 짐승들이 들어 있었습니다. 하나님의 음성이 들렸습니다. "이를 먹어라." 유대인인 베드로는 아무 것이나 먹을 수 없었습니다. 그래서 "저는 속되고 깨끗하지 아니한 것은 언제든지 먹지 않았습니다." 하고 대답하였습니다. 이때 하늘에서 음성이 들렸습니다. "하나님께서 깨끗케 하신 것을 네가 속되다 하지 말라" 이런 일이 세 번 반복되었습니다. 그때 로마의 백부장 고넬료가 보낸 사람을 만나게 되었습니다. 하나님의 섭리인 줄 알고 베드로는 이방인 고넬료의 집으로 갔습니다. 그리고 고넬료와 그 가족에게 복음을 증거하고 세례를 베풀었습니다. 놀랍게도 이방인인 고넬료와 그 가족들이 성령의 충만함을 입었습니다. 베드로는 지금까지 성령 하나님은 유대인들에게만 역사하시는 줄 알았습니다. 그러나 이제 하나님은 모든 민족, 모든 사람들을 다 사랑하시는 줄을 깨닫게 되었습니다. 이 일 후에 복음은 이방인들에게도 전파되었고, 드디어 세계적인 기독교가 되었습니다.

하나님은 우리 모두를 거룩하게 하시어 하나님의 자녀가 되고 천국의 시민이 되게 하셨습니다. 그러나 만약 우리가 하나님 안에서 한 형제 자매임을 고백하면서 서로 높은 담을 쌓고 산다면 하나님이 거룩하게 하신 것을 우리가 속되게 하는 것이 됩니다. 하나님 안에서 우리 모두 형제 자매가 되었음을 거부하는 것입니다. 하나님이 하나되게 하신 것을 우리가 나누는 것이 되며 하나님이 허신 담을 우리가 다시 쌓는 일이 됩니다.

3. 우리는 평안을 얻었습니다

"또 오셔서 먼 데 있는 너희에게 평안을 전하고 가까운 데 있는 자들에게 평안을 전하셨으니 이는 저로 말미암아 우리 둘이 한 성령 안에서 아버지께 나아감을 얻게 하려 하심이라" (2:17-18)

예수 그리스도는 우리에게 평안을 주셨습니다. 이전에 우리는 참된 평안을 얻지 못하였습니다. 그러나 예수 그리스도의 피로 구속함을 받은 우리는 이제 참 평안을 얻었습니다. 예수님은 평화의 왕으로 오시어 평화를 실천하셨습니다. 마침내 십자가 위에서 하나님과 인류, 인류와 인류 사이를 화해시키는 거룩한 희생을 드리셨습니다. 그러므로 그리스도는 '평화'이십니다. "우리가 믿음으로 의롭다 하심을 얻었은즉 우리 주 예수 그리스도로 말미암아 하나님으로 더불어 화평을 누리자" (롬 5:1)고 합니다. 그리스도는 인류의 마음 속에 기쁨과 평강을 심어 주셨습니다. 이웃과 이웃을 화해시키셨고 하나님 앞에 나아갈 수조차 없던 죄인들의 죄를 사하셨습니다.

"또 오셔서 먼 데 있는 너희에게 평안을 전하고 가까운 데 있는 자들에게 평안을 전하셨으니"(2:17) 그리스도의 평안에 대한 선포는 '하나님과 각 그룹간의 화해'를 전제로 한 '유대인과 이방인 사이의 화해'를 시사합니다. 그리스도는 자신의 대속적 죽음을 통해서 멀리 있던 이방인들과 가까이 있던 유대인들에게 화평의 복음을 선포하셨으며, 동시에 사도와 교회를 통해 현재도 계속적으로 화평의 복음을 선포하십니다. "만유의 주 되신 예수 그리스도로 말미암아 화평의 복음을 전하사 이스라엘 자손들에게 보내신 말씀"(행 10:36)이라 합니다. 그리스도께서는 평화의 왕으로 오셨고, 죽음에 앞서 교회에 유산으로 평안을 기원하셨고, 승천하신 후에는 평화의 복음을 가진 사도들을 파송하셨습니다. 그리고 사도들을 통해 자신이 전하셨던 평화의 복음을 계속 전파하실 뿐만 아니라 오늘을 사는 우리에게도 이것을 명령하십니다. 그러므로 그리스도로 말미암아 죄 사함을 받고 참된 기쁨과 평안을 얻은 우리는 십자가의 군사가 되어 평화의 복음을 전파해야 합니다. "우리가 그리스도를 대신하여 사신이 되어 하나님이 우리로 너희를 권면하시는 것같이 그리스도를 대신하여 간구하노니 너희는 화목하라"(고후 5:20)고 합니다. 예수님은 공생애 기간 동안에 어려움에 처한 죄인, 고아, 장애자들에게 평화를 전파하셨습니다. 또한 사도들은 국적과 신분을 가리지 않고 평화의 복음을 전파하였습니다. 그러므로 우리도 신분의 귀천을 막론하고 평화를 전파하는 성도들이 되어야겠습니다.

"저로 말미암아 우리 둘이 한 성령 안에서 아버지께 나아감을 얻게 하려 하심이라"(2:18) 하나님께로 나아갈 수 있는 문이요, 길이신 그리스도를 통해서 이방인과 유대인을 구별하였던 옛 범주는 폐지되었습니다. 그 결과 이방인들과 유대인들이 모두 하나님 앞에 나아갈 수 있게 되었습니다. 예수님은 "나는 양의 문이라"(요 10:7), "내가 곧 길이요 진리요 생명이니"(요 14:6)라고 말씀합니다. 평강의 왕께서 오시지 않았다면, 그래서 원수된 것이 제거되지 않았다면 우리는 하나님 앞에 나아갈 수 없었을 것입니다. 뿐만 아니라 인류를 하나로 결속시키는 대화합의 장도 마련되지 않았을 것입니다. 그러나 우리는 그리스도의 피로 인해 하나님께로 나아갈 수 있게 되었습니다. 곧 그리스도의 중보를 통해 나아갈 수 있게 된 것입니다. 중보자요, 변호자요, 앞서 행하시는 이로서 예수 그리스도는 우리를 하나님께로 데려가십니다. 그리스도는 단순히 믿는 이들의 대표자만 되는 것이 아니라 그를 믿는 이들을 위하여 미리 가서 예비해 놓으신 처소로 백성들이 따라갈 수 있도록 먼저 휘장 가운데로 앞서 들어가신 분입니다. 따라서 더 이상 우리는 하나님께 나아가는 데 제한을 받을 것이 없습니다. 그리고 이 나아감이란 그리스도 안에 있음으로 오는 나아감이요 열려진 나아감입니다. "우리가 그 안에서 그를 믿음으로 말미암아 담대함과 하나님께 당당히 나아감을 얻느니라"(3:12) 그러므로 우리가 긍휼하심을 받고 때를 따라 돕는 은혜를 얻기 위하여 은혜의 보좌 앞에 담대히 나아갈 수 있게 되었습니다(히 4:16). 평화의 전파자로 오신 그리스도로 말미암아 하나님께 나아가는 교제의 복을 얻었습니다.

  이 모든 일들이 성령 안에서 이루어집니다. 이 땅위에는 계속하여 빈부의 차이, 계급·계층간의 갈등, 선진국과 개발 도상국간의 부조화를 비롯하여 개인간의 시기와 질투, 마음의 불일치 등 여러 가지 불가해한 난제들이 쌓여 있습니다. 이것들은 다 보이지 않는 심적 걱정거리 때문에 해소되지 못하는 것들입니다. 그러나 평화의 놀라운 축복은 모든 것을 해결해 줍니다. 그것은 성령께서 하십니다. 성령은 인류를 한 몸으로 세례를 주십니다. 개개인의 마음에 스스로 회개할 수 있도록 도와주십니다. 성령께서는 개개인의 마음에 사랑을 심어주십니다. 그리하여 성령은 인류를 하나로 결속시켜 주시고, 공동의 목적을 향해 매진할 수 있도록 도와주십니다.

  죄는 하나님과 사람 사이뿐만 아니라 사람과 사람과의 관계도 분리시켜 버렸습니다. 그러나 그리스도의 피가 인간 사이에 화평을 이루게 하셨습니다. "이제는 전에 멀리 있던 너희가 그리스도 예수 안에서 그리스도의 피로 가까워졌느니라" (2:13) 하였습니다.

  예수 그리스도께서는 막힌 담을 허셨습니다. 십자가의 대속으로 하나님과 원수된 것을 화목케 하셨습니다. 예수님은 우리에게 참된 평안을 주셨습니다. 우리는 항상 성령 안에서 주님께 가까이 나아가는 삶을 살아야 합니다. 언제나 주님 안에서 하나님을 왕으로, 주인으로 섬기며 살기를 기원합니다. 아멘.

¹⁹그러므로 이제부터 너희가 외인도 아니요 손도 아니요 오직 성도들과 동일한 시민이요 하나님의 권속이라 ²⁰너희는 사도들과 선지자들의 터 위에 세우심을 입은 자라 그리스도 예수께서 친히 모퉁이 돌이 되셨느니라 ²¹그의 안에서 건물마다 서로 연결하여 주 안에서 성전이 되어가고 ²²너희도 성령 안에서 하나님의 거하실 처소가 되기 위하여 예수 안에서 함께 지어져 가느니라

(에베소서 2:19-22)

09

그 때에 그리고 이제는 3

예수님을 믿기 전 그 때와 예수님을 영접한 이제는 우리의 신분과 삶이 다릅니다. 가치관과 목표와 삶의 내용이 다르고 자세가 다릅니다. "그러므로 생각하라 너희는 그 때에 육체로 이방인이요 손으로 육체에 행한 할례당이라 칭하는 자들에게 무할례당이라 칭함을 받는 자들이라 그 때에 너희는 그리스도 밖에 있었고 이스라엘 나라 밖의 사람이라 약속의 언약들에

대하여 외인이요 세상에서 소망이 없고 하나님도 없는 자이더니 이제는 전에 멀리 있던 너희가 그리스도 예수 안에서 그리스도의 피로 가까워졌느니라"(2:11-13)

1. 우리는 동일한 시민이요 하나님의 권속입니다

"그러므로 이제부터 너희가 외인도 아니요 손도 아니요 오직 성도들과 동일한 시민이요 하나님의 권속(眷屬)이라"(2:19) "외인도 아니요 손도 아니라"는 말은 천국의 외국인이 아니며 교회의 손님이 아니란 말입니다. 이제 천국의 주인공이 되었다는 말입니다. 여러분 한 사람 한 사람이 이 교회의 주인공이 된 것입니다. 손님은 권리도 책임도 없습니다. 우리는 천국의 구경꾼이 아닙니다. 우리가 천국의 주인공이 되었다는 말은 이제 교회의 주인공이 되었다는 말과 같습니다. 구경꾼이 아니라 주인의식을 가진 성도가 많은 교회가 건강하고 행복한 교회입니다. '성도들과 동일한 시민이요' 라는 말은 이제 천국의 시민이 되었다는 뜻입니다. 우리는 천국의 시민권을 가졌으므로 천국의 좋은 것을 마음껏 누릴 수 있는 권리가 있습니다.

신약 성경이 기록될 당시 로마 시민권을 가졌다는 것은 굉장한 권세였습니다. 이 로마 시민권을 가질 수 있는 몇 가지의 길이 있었습니다. 첫째, 로마 시민권자의 자녀로 태어나면 자연적으로 로마 시민권을 가질 수가 있었습니다. 둘째, 로마 제국에 위대한 공헌을 해야 합니다. 전쟁터에서 영토를 점령하여 로마 황제 가이사에게 바치고 영토 확장의 공로를 인정받으면 로마의 시민권이 주어졌습니다. 셋째, 우리가 상상도 할 수 없을 만큼 많은 재산을 로마 제국과 황실에 바치면 로마 시민권을 얻을 수가 있었습니다. 그렇게 온갖 대가를 지불하고서라도 로마 시민권을 얻기만 하면 엄청난 권세를 누릴 수가 있었습니다. 그럼에도 불구하고 로마 시민권자는 로마제국 내에서만 보호를 받을 수 있었습니다.

그러나 우리는 천국의 시민권을 가졌습니다. 우리의 시민권은 이 땅에 있는 것이 아니라 영원한 나라에 있습니다. 이 시민권이 있으면 금생과 내생에 복을 받게 됩니다. 로마 시민권을 가지고 있으면 억울한 일이 있을 때에 로마 황제를 찾아가 직접 호소할 수 있었습니다. 그러나 우리는 천국의 시민권을 가졌기 때문에 천지와 우주 만물을 창조하신 그분, 역사를 운행하시는 그분, 만 왕의 왕이 되신 우리 아버지 하나님을 찾아가 억울함을 호소할 수 있게 되었습니다. 로마 시민권은 그 당시만 유용하였습니다. 그러나 우리가 얻은 천국 시민권은 영원히 우리의 생명을 지켜 보호해 줄 것입니다. 천국에서 영원한 하나님의 자녀로 살아갈 수 있는 권세가 우리에게 주어졌습니다.

미국의 영주권과 시민권을 얻기 위하여 노력하는 사람들이 많습니다. 그 조건을 갖추려면 세금도 꼬박꼬박 납부해야 합니다. 죄를 범하거나 미국을 떠나 있어도 안됩니다. 로마 시민권은 치안 공무원이 있는 곳에서만 보호를 받았습니다. 그러나 천국의 시민권을 가진 자들은 밤이나 낮이나, 높은데 있으나 낮은데 있으나, 고난 가운데 있으나 형통한 자리에 있으나 보호를 받게 됩니다. 우리가 천국의 시민권을 얻기 위하여 하나님 앞에 막대한 돈을 바친 것도 아닙니다. 물론 엄청난 돈을 가졌다 할지라도 천국의 시민권을 얻을 수 없습니다. 하나님 앞에 엄청난 공적을 쌓은 것도 아닙니다. 우리에게는 그런 공적도 없습니다. 그런 공적이 있다 할지라도 천국의 시민권이 주어지는 것은 아닙니다. 그렇다고 우리가 태어날 때 천국 백성의 자녀로 태어난 것도 아닙니다. 우리는 죄 중에 태어나 죄를 먹고 마시며 죄 가운데 살아왔습니다. 우리가 천국의 시민권을 가지게 된 것은 전적으로 하나님의 은혜요 선물이었습니다. 성경은 말씀합니다. "너희가 그 은혜를 인하여 믿음으로 말미암아 구원을 얻었나니 이것이 너희에게서 난 것이 아니요 하나님의 선물이라"(2:8) 우리는 전적으로 하나님의 은혜로 구원받았습니다. 믿음으로 천국의 시민이 되었다는 이 사실을 믿어야 합니다. 우리는 이 믿음으로 살아야 합니다. 천국의 시민답게 믿음으로 주를 섬기며 교회를 섬기며 살아야 합니다.

또한 이제는 "오직 성도들과 동일한 시민이요 하나님의 권속이라" 하였습니다. 우리는 하나님의 가족이 되었습니다. 아무리 고귀한 로마 시민권을 가졌다 할지라도 황실의 가족은 될 수가 없습니다. 황제의 피를 받아서 출생해야 황제의 가족이 될 수 있는 것입니다. 그러나 우리는 주 예수님을 믿음으로 하나님의 가족이 되었습니다. "영접하는 자 곧 그 이름을 믿는 자들에게는 하나님의 자녀가 되는 권세를 주셨으니 이는 혈통으로나 육정으로나 사람의 뜻으로 나지 아니하고 오직 하나님께로서 난 자들이니라"(요 1:12-13) 이제 우리에게는 하나님과 한 식탁에 앉을 수 있는 자격이 주어졌습니다. 과거에는 천국 문밖에서 배외하며 멀찍이 방관자로 서 있다가, 영원한 지옥을 향하여 멸망의 길을 걸어갈 수밖에 없는 사람들이었습니다. 천국 식탁에서 떨어지는 부스러기나 주워먹을 수 있는 이방인들이었습니다. 그러나 이제 예수 그리스도 안에서 우리는 천국의 시민이 되었고 하나님의 자녀가 되었습니다. 우리는 하나님의 자녀의 권세를 가진 백성으로 살아야 합니다. 이제 우리는 하나님의 한 가족입니다.

에베소 교회는 각기 다른 배경을 지닌 두 공동체 그룹이 있었습니다. 유대인이면서 예수를 믿는 사람들과 이방인이면서 예수를 믿는 그리스도인들입니다. 교회의 주도권은 아무래도 유대인 그리스도인들이 잡고 있었습니다. 그러니 이방인이면서 예수를 믿는 사람들은 자연히 교회에 나오는데 눈치가 보일 수 있습니다. 하나님은 사도 바울을 통해 이제는 낯선 사람도 아니요 손님도 아니요 하나님의 집의 가족들이라고 말씀합니다.

우리가 하나님의 가족이 되는 이유는,

1) 하나님이 아버지가 되시기 때문입니다

교회는 다 하나님을 아버지로 고백하는 사람들이 모인 단체입니다. 우리는 다 하나님을 아버지로 모시는 한 가족입니다. 그러므로 예수님 안에서는 다 한 형제요 한 자매가 됩니다.

2) 죽어서 천국에서 다시 만날 것이기 때문입니다

그 날에는 하나님께서 친히 우리의 아버지가 되심을 다시 한 번 확인하게 될 것입니다. 가족의식이 깨어지면 분열이 일어나게 됩니다. 올바른 교회생활을 위하여 기존의 교인이나 새로 나오는 교인들이 공통적으로 가져야 할 것은 가족의식입니다. '우리는 모두 다 하나님 나라의 가족' 입니다. 누구라도 교회에 나오면 낯선 사람도 이방인도 외계인도 아닙니다. 하나님 나라의 시민이요 하나님의 가족입니다. 모두 한 마음으로 섬겨야 합니다. 우리 모두가 주인이며 천국의 시민권자입니다. 그러므로 우리는 다 하나님의 자녀로서의 권세를 가졌습니다. 따라서 세속을 멀리하고 하나님의 법을 지켜야 합니다. 이 믿음으로 교회를 섬기고 봉사할 때 우리 교회는 건강한 교회가 될 수 있습니다.

2. 우리는 사도들과 선지자들의 터 위에 세우심을 입은 자입니다

"너희는 사도들과 선지자들의 터 위에 세우심을 입은 자라 그리스도 예수께서 친히 모퉁이 돌이 되셨느니라"(2:20)

사도들과 선지자들을 터에 비유한다면 예수님은 또한 모퉁이 돌이 되십니다. 이 모퉁이 돌은 건물의 기초석으로써 벽과 벽을 연결하는 건물의 중심이며, 또한 이 모퉁이 돌에 건축자의 이름을 새겨 넣어 건물의 소유를 표시하기도 합니다. 곧 예수 그리스도께서 교회라고 하는 건물의 기초석이요, 중심이요, 소유주가 되신다는 뜻입니다. 그러나 유대인들은 '예수 그리스도'는 돌의 가치를 알아보지 못하고 버렸습니다. 이는 이미 시편 118편 22-23절에서 예언된 바입니다. "건축자의 버린 돌이 집 모퉁이의 머릿돌이 되었나니 이는 여호와의 행하신 것이요 우리 눈에 기이한 바로다" 우리 주님은 모퉁이 돌이 되셨습니다.

마태복음에서 예수님은 베드로라 하는 반석(터) 위에 교회를 세우신다고 말씀하셨는데, 바울은 여기에서 교회의 터가 베드로를 비롯한 '사도들과 선지자들'이라고 하였습니다. 이 터는 또한 영원한 반석이 되시는 '예수 그리스도' 자신이기도 합니다. 고린도전서 3장 10-11절에서 바울은 "내게 주신 하나님의 은혜를 따라 내가 지혜로운 건축자와 같이 터를 닦아 두

매 다른 이가 그 위에 세우나 그러나 각각 어떻게 그 위에 세우기를 조심할지니라 이 닦아 둔 것 외에 능히 다른 터를 닦아 둘 자가 없으니 이 터는 곧 예수 그리스도라"고 말합니다.

교회의 중심은 예수 그리스도이십니다. 예수 그리스도는 모퉁이의 돌입니다. 건축할 때 가장 중요한 것은 모퉁이 돌입니다. 모퉁이 돌을 기초로 하여 하나씩 쌓게 되는데 이 돌은 방향을 잡아 줍니다. 이 돌은 이 벽과 저 벽을 서로 연결해 주는 건물의 중심이 됩니다. 이 돌 위에 건축자의 이름을 새겨 건물의 소유권을 표시합니다. 교회의 중심은 예수님입니다. 사람이 주인이 되려고 하면 교회에 문제가 생깁니다. 원 주인이 아닌 다른 사람이 주인 노릇을 하려고 하기 때문입니다. 교회의 소유자도 예수님입니다. 우리가 이렇게 만나게 된 것도 예수님 때문입니다. 만약 예수님을 제외시키면 우리가 함께 할 아무런 이유도 없을 뿐더러 알 필요도 없습니다.

교회는 목사가 세우는 것이 아닙니다. 어느 특정 성도나 장로가 세우는 것도 아닙니다. 교회를 세우시는 분은 예수님입니다. 예수님은 말씀하셨습니다. "내가 이 반석 위에 내 교회를 세우리니 음부의 권세가 이기지 못하리라"(마 16:18) 모든 교회는 예수님의 교회입니다. 교회의 성장도 예수님의 은혜입니다. 교회의 기본은 예수님입니다. 예수님 위에 신앙이 세워져야 방향, 중심, 목적이 제대로 될 수 있습니다. 교회생활을 하면서 중심이신 예수님을 바라보지 않고 다른 어떤 것이나 사람을 바라보면 실망하게 됩니다. 시험에 들고 실족할 수 있습니다. 엉뚱한 것 위에 기초를 세우기 때문입니다. 주님께서 교회의 모퉁이 돌이 되셨습니다. 베드로는 유대 교회의 모퉁이 돌이 되었고, 사도 바울은 이방인 교회의 모퉁이 돌이 되었습니다. 이제 우리 한 사람 한 사람은 하나님 나라를 건설하는 천국의 시민이 되었습니다. 하나님은 '너희들을 통하여 이 땅에 하나님 나라를 건설하기를 원한다' 고 말씀하십니다.

우리는 이제 하나님 나라를 건설할 수 있는 천국의 일꾼이 되었습니다. 예수님은 건물의 모퉁이 돌, 기초 돌, 산 돌이십니다. 그리고 사도들과 선지자들은 건물의 굳건한 터입니다. 그렇다면 우리는 건물의 벽과 지붕이요, 우리 한 사람 한 사람은 그 벽과 지붕의 재료들입니다. 벽과 지붕을 구성하는 재료들이 변변치 못할 때, 그 건물의 벽과 지붕은 웬만한 비바람에도 견디지 못하고 무너져 내리게 되어 세상 사람들의 비난과 조롱거리가 될 것입니다. 교회의 벽과 지붕을 구성하고 있는 우리의 변변치 못함으로 인해 교회 건물에 구멍이 나고 깨어지면 우리뿐만 아니라 건축자이신 주님에게까지 화가 돌아가게 됩니다.

바울은 고린도전서 3장 12-13절에서 건물의 벽과 지붕인 우리에 대해서 표현할 때, "만일 누구든지 금이나 은이나 보석이나 나무나 풀이나 짚으로 이 터 위에 세우면 각각 공력이 나타날 터인데 그 날이 공력을 밝히리니 이는 불로 나타내고 그 불이 각 사람의 공력이 어떠한 것을 시험할 것임이니라"고 말씀합니다. 우리 한 사람 한 사람이 건물의 벽과 지붕을 구성하는 재료입니다. 우리는 쉽게 불타고 허물어져 내리는 나무나 풀이나 짚과 같은 재료가 되지 말고 금이나 은이나 보석과 같이 단단한 재료들이 되어야 할 것입니다. 결코 우리가 주님의 영광을 떨어뜨리는 일이 있어서는 안됩니다. 우리는 주님을 영화롭게 해야 합니다.

우리가 교회생활을 할 때 늘 기억할 것은, '나는 지금 예수님만 바라보고 있는가? 나는 지금 예수님을 기초로 하여 그 위에 신앙을 세웠는가? 나는 지금 예수님을 섬기고 있는가? 아니면 사람을 섬기고 있는가? 예수님이라면 이런 상황에서 어떻게 하실까?' 입니다.

이렇게 예수님을 기초로 하여 그 위에 신앙이 세워질 때 음부의 권세와 사단의 방해를 이길 수 있습니다. 우리는 불타지 않고 무너지지 않는 믿음생활을 해야 합니다. 그때 하나님의 교회가 건강하고 주님 앞에 설 때 상을 받게 될 것입니다.

3. 우리는 하나입니다

"그의 안에서 건물마다 서로 연결하여 주 안에서 성전이 되어가고"(2:21)

예수님 안에서 건물마다 서로 연결됩니다. 그래서 이런 것들이 전부 모여서 성전이 되어갑니다. 이 성전에는 여러 가지 부속건물이 있습니다. 본당을 비롯하여 사무실, 주방, 그리고 화장실도 있습니다. 이 모든 건물을 연합해서 '성전'이라고 합니다. 연합하지 않고 각각 그대로 있으면 단지 각각의 건물일 뿐입니다. 그러나 이 모든 것이 연합할 때 성전이 됩니다. 연합하기 전에는 그저 하나의 건물에 지나지 않습니다. "주 안에서 성전이 되어가고"란 연합하면 성전이 된다는 뜻입니다. 교회생활은 특성상 혼자 할 수 없게 되어 있습니다. 혼자 하는 일이 있다면 그것은 단지 '일'을 하는 것입니다. 그러나 주의 이름으로 연합하여 일을 한다면 그것은 성전의 일, 하나님의 일을 하는 것입니다. 하나님은 우리에게 개인적으로 구원을 선물로 주신 동시에 전체적으로 교회의 일원이 되도록 부르셨습니다.

교회에 일이 있을 때 온 성도들이 너 나 할 것 없이 모두 모여서 각자 할 수 있는 일을 하는 것은 하나님이 보시기에 아름다운 일입니다. 시간과 재능이 많은 몇 사람이 모든 일을 도맡아 한다면 이것은 하나님의 일이 아니라 자기 일이요, 재능 잔치가 되기 쉽습니다. 교회의 일은 함께 연합해서 하는 것이기 때문입니다. 하나님도 혼자 모든 일을 다 하시지 않고 성부·성자·성령 삼위 하나님이 함께 협력하셨습니다. 그런데 이렇게 함께 모여 일을 하다 보면 관계가 깨어지거나 마음이 맞지 않을 수가 있습니다. 차라리 혼자 하는 것이 낫겠다는 생각을 할 수도 있을 것입니다. 이때 우리가 모범으로 삼을 분은 예수님입니다. 내가 한 만큼 그 사람에게서 받으려고 생각한다면 이것은 세상의 기준이지 교회의 기준은 아닙니다. 교회에 와서 세상의 기준에 따라 살려고 하면 마음이 상하고 시험에 들 수 있습니다. 교회에서는 교회의 기준에 따라야 합니다. 그 기준은 예수님입니다. 나 같은 사람을 용서하시고 나를 대신하여 십자가에 달려 죽어주신 예수님을 기준으로 생각하면 어떤 것도 다 감수할 수 있습니다. 다른 사람과 함께 하고 연합하기 위해서는 예수님의 기준 위에 내 믿음을 세우는 연습을 해야 합니다.

우리 각자가 이렇게 예수님을 바라보고 예수님께 붙어있지 않으면 교회는 연합할 수 없습니다. 하나가 될 수 없습니다. 그래서 기초가 중요합니다. 우리는 날마다 자신의 신앙을 예수님 위에 세우는 연습을 해야 합니다. 이 훈련이 되면 어떤 일도 할 수 있습니다.

그런데 21절의 '성전이 되어가고' 라는 단어는 아직 완성된 작품이 아니라 단지 지어져가고 있다는 말입니다. 하나님이 기뻐하시는 성전이 되기 위하여 공사중이란 말입니다. 건축 중에 있기 때문에 아직 미숙하고 모난 부분도 있고 더러운 부분도 있습니다. 그렇다고 이것을 보고 실망하면 안됩니다. 앞으로 더 잘 만들어질 날을 바라보는 믿음이 있어야 합니다. 우리 모두는 지금도 지어져가고 있는 과정에 있을 뿐 완성된 것이 아닙니다. 우리는 날마다 지어져 가야 합니다. 날마다 성장해 가고 성숙해 가야 합니다. 성령 안에서 함께 지어져 간다는 사실입니다. 우리 자신의 능력으로는 나 자신도 변화시킬 수 없습니다. 하나님의 은혜와 도우심만이 나를 변화시킬 수 있습니다. 우리는 다른 사람의 모습도 잘 받아들이거나 용납할 수 없습니다. 우리는 본성적으로 이기적이며 고집대로 하는 경향이 있기 때문입니다. 이런 자신의 모습을 볼 때마다 필요한 것은 절망이 아니라 기대입니다. 앞으로 이런 나를 변화시켜 어떤 일꾼으로 쓰실 것인가에 대한 기대감이 필요합니다. 우리를 하나님의 사람답게 만들어 가시는 것입니다. 사람에 따라 정도의 차이는 있지만, 우리는 그리스도인이라는 명칭은 가졌어도 아직 우리의 삶은 많은 변화가 없는 것이 사실입니다. 욕심을 부릴 대로 다 부리고, 할 것 못할 것 다 하면서, 때때로 성질 낼 것 다 내면서도 그리스도인이라고 불리고 있습니다. 여기에 우리의 고민이 있습니다. 정말 그리스도인다운 삶을 살고 싶지만 마음대로 잘 안 된다는 말입니다. 바로 이런 사람을 위하여 성령님은 일하십니다.

지금 이 모습 이 상태로는 하나님이 우리 안에 들어와 거하실 수 없습니다. 버릴 것은 버리고 정리할 것은 정리하여 깨끗하게 준비되어야 합니다. 바로 이 일을 성령님이 하십니다. 성령님은 모든 믿는 신자들 안에 임하셔서 그들의 속을 하나님이 거하실 만한 장소로 바꾸십니다. "너희도 성령 안에서 하나님의 거하실 처소가 되기 위하여 예수 안에서 함께 지어져 가느니라"(2:22) '너희도'란 말은 나만 변하는 것이 아니라 다른 사람도 함께 변해야 한다는 말입니다. 우리는 성령의 능력으로 예수님 안에서 함께 지어져 가고 있는 건물입니다. 지금은 문제가 많고 이기적이지만 시간이 지날수록 점점 더 멋있고 아름답게, 그리고 점점 더 예수님을 닮은 인격과 성품으로 바뀌어 질 것입니다.

그런데 여기 함께 지어져 간다는 단어를 주목해야 합니다. 성령님은 신자 한 사람 한 사람과 함께 계시지만 성도들이 주의 이름으로 모일 때도 역시 함께 계십니다. 은혜 받은 성도들이 모여서 교제하는 곳에도 함께 계셔서 그들을 모두 하나님의 처소로 만들어 가십니다. 모임의 중요성, 함께 하는 것의 중요성이 바로 여기에 있습니다. 함께 모여 기도할 때 강한 힘을 느낄 수 있습니다. 함께 모여 찬양할 때 더 큰 감동을 느낄 수 있고, 함께 모여 예배드릴 때 은혜와 성령의 역사를 체험하게 됩니다. 함께 모여 내가 체험한 하나님에 대해 나눌 때 다른 사람들도 간접적으로 하나님을 체험하게 됩니다. 나의 죄를 고백할 때 다른 사람들도 같은 죄를 고백하게 됩니다.

제자반 성경공부 시간이나 구역 성경공부 시간에 서로 은혜받은 것이나 기도 응답을 나눌 때, 그리고 다른 사람들의 십자가를 지고 가는 삶을 들으면서 나만 혼자 십자가를 지고 가는 것이 아님을 알면 위로가 됩니다. 그러다 보면 모두가 함께 변하고 함께 성장해 갑니다. 믿음도 없고 하나님에 대해 잘 모르던 사람들도 함께 모여 공부하는 가운데 다른 사람이 체험한 하나님에 대해 듣다보면 믿음도 생기고 신앙도 서서히 성장해 갑니다. 그래서 제자반과 구역 성경공부가 중요합니다. 열심히 모여서 순서에 따라서 진행해 보면 놀라운 축복이 있을 것입니다.

사실 성령 안에서 우리는 각자 상대방이 성장하도록 돕는 일을 하고 있습니다. 우리는 혼자 스스로 성장할 수 없습니다. 서로가 서로를 필요로 합니다. 이렇게 서로에게 헌신할 때 더 멋있고 아름다운 하나님의 집으로 지어져 갑니다. 우리 모두 하나님의 성전을 만들어 가야 합니다.

존 러스키의 책에 보면 교회 건축의 일곱 가지 요소가 나옵니다. 그것은 철근, 시멘트, 나무, 흙, 기와, 벽돌 등이 아닙니다. 교회를 건축하는 데는 진리, 아름다움, 애정, 희생, 순종, 땀, 그리고 꿈이 있어야 된다고 합니다. 이제 우리는 가장 행복한 교회, 주님이 원하시는 가장 아름다운 교회, 가장 멋지고 건강한 교회를 지어 가야 합니다. 영화를 제작할 때 감독이나 영화배우, 또는 촬영기사나 조명기사가 훌륭하다고 해서 좋은 영화가 만들어지는 것은 아닙니다. 마찬가지로 손에 손을 붙잡고, 마음이 모아지고, 모두가 건강하고 행복할 때에 비로소 건강하고 행복한 교회를 만들어 가게 됩니다. 가장 아름답고, 가장 건강하고 행복한 교회로 만들어 갈 수 있는 비결은 우리 한 사람 한 사람의 믿음의 체계가 건강해야 한다는 것입니다.

우리는 동일한 시민이요 하나님의 권속입니다. 이제 우리는 하나님의 한 가족입니다. 이제 우리는 그리스도의 교회를 세워가야 합니다. 그리고 성장하고 자라야 합니다. 그러기 위하여 성령 안에서 하나로 연합해야 합니다. 우리는 가장 은혜롭고 건강한 교회를 만들어 가야 합니다.

이제 우리는 가장 건강하고 주님이 기뻐하시는 은혜와 축복이 넘치는 아름다운 교회를 다같이 만들어 가는 주의 성도들이 됩시다. 아멘.

¹이러하므로 그리스도 예수의 일로 너희 이방을 위하여 갇힌 자 된 나 바울은… ²너희를 위하여 내게 주신 하나님의 그 은혜의 경륜을 너희가 들었을 터이라 ³곧 계시로 내게 비밀을 알게 하신 것은 내가 이미 대강 기록함과 같으니 ⁴이것을 읽으면 그리스도의 비밀을 내가 깨달은 것을 너희가 알 수 있으리라 ⁵이제 그의 거룩한 사도들과 선지자들에게 성령으로 나타내신 것 같이 다른 세대에서는 사람의 아들들에게 알게 하지 아니하셨으니 ⁶이는 이방인들이 복음으로 말미암아 그리스도 예수 안에서 함께 후사가 되고 함께 지체가 되고 함께 약속에 참예하는 자가 됨이라 ⁷이 복음을 위하여 그의 능력이 역사하시는 대로 내게 주신 하나님의 은혜의 선물을 따라 내가 일꾼이 되었노라 ⁸모든 성도 중에 지극히 작은 자보다 더 작은 나에게 이 은혜를 주신 것은 측량할 수 없는 그리스도의 풍성을 이방인에게 전하게 하시고 ⁹영원부터 만물을 창조하신 하나님 속에 감취었던 비밀의 경륜이 어떠한 것을 드러내게 하려 하심이라 ¹⁰이는 이제 교회로 말미암아 하늘에서 정사와 권세들에게 하나님의 각종 지혜를 알게 하려 하심이니 ¹¹곧 영원부터 우리 주 그리스도 예수 안에서 예정하신 뜻대로 하신 것이라 ¹²우리가 그 안에서 그를 믿음으로 말미암아 담대함과 하나님께 당당히 나아감을 얻느니라 ¹³그러므로 너희에게 구하노니 너희를 위한 나의 여러 환난에 대하여 낙심치 말라 이는 너희의 영광이니라

(에베소서 3:1-13)

10

하나님께서 쓰시는 일꾼

이 세상에서 가장 중요한 것은 사람입니다. 어느 단체나 조

직이든 중요한 것은 가치 있고 쓸만한 사람입니다. 하나님의 나라도 마찬가지입니다. 하나님의 교회도 가장 중요한 문제는 일꾼입니다. 하나님께서 필요로 하고 쓰시고자 하는 일꾼이 가장 중요합니다. 예수님도 "인자가 올 때에 세상에서 믿음을 보겠느냐"(눅 18:8), "추수할 것은 많되 일꾼은 적으니"(마 9:37)라고 말씀하셨습니다. 믿는다는 사람도 많고, 교회에 출석하는 사람이나 직분을 받은 사람도 많으나 하나님께서 쓰시기에 합당한 일꾼은 많지 않다는 뜻입니다.

우리는 본문을 통해 하나님께서 쓰시기에 합당한 일꾼은 어떤 사람인가를 생각해 보고, 우리 모두 하나님이 쓰시기에 합당한 일꾼이 되어야겠습니다.

하나님이 쓰시기에 합당한 일꾼은,

1. 그리스도의 비밀을 깨달은 사람입니다

"이러하므로 그리스도 예수의 일로 너희 이방을 위하여 갇힌 자 된 나 바울은 너희를 위하여 내게 주신 하나님의 그 은혜의 경륜을 너희가 들었을 터이라 곧 계시로 내게 비밀을 알게 하신 것은 내가 이미 대강 기록함과 같으니"(3:1-3)

하나님의 일꾼은 계시로 그리스도의 비밀을 깨달은 자입니다. 예수 그리스도의 십자가에서 흘리신 피로 말미암아 유대인과 이방인과의 담이 무너지고, 다같이 하나님의 백성이 될 수 있다는 것은 감히 생각조차 할 수 없는 숨겨진 하나님의 비밀입니다. 성경은 말씀합니다. "이는 이방인들이 복음으로 말미암아 그리스도 예수 안에서 함께 후사가 되고 함께 지체가 되고 함께 약속에 참여하는 자가 됨이라"(3:6) 이 비밀은 하늘의 천사들도 몰랐고(3:10), 심지어 구약에 능통한 바울 자신도 몰랐습니다. 하나님은 어느 시대 어떤 사람들에게도 알려주지 않으시고, 오직 하나님의 거룩한 사도들과 선지자들과 바울에게만 성령으로 가르쳐주셨습니다(3:5). 그리고 우리에게도 말씀을 통해 가르쳐주셨습니다. 유대인과 이방인 사이에 높은 담을 쌓았던 그들이 그리스도 안에서 한 형제가 되고 한 교회를 이룬다는 것이 얼마나 놀라운 일인지 우리 마음에 쉽게 와 닿지 않습니다.

오늘날 우리에게도 이방인이 있습니다. 우리의 관심 밖에 있는 사람들, 그리고 개인적으로 감정이 좋지 않은 사람, 멀리하고 싶고 피하고 싶은 사람들, 우리도 모르게 잠재의식 속에서 '저 사람들은 천국과 무관하다'고 제외시킨 사람들입니다.

이들에 대한 하나님의 경륜(경영 계획)은 무엇입니까? 성경은 말씀합니다. "이는 이방인들이 복음으로 말미암아 그리스도 예수 안에서 함께 후사가 되고 함께 지체가 되고 함께 약속에 참여하는 자가 됨이라"(3:6)

바울에게 특별히 계시하신 그리스도의 비밀은,

1) 함께 후사가 되었습니다

이방인들이 함께 후사가 되었습니다. 후사는 상속자를 가리킵니다. 이방인들도 예수 안에서 유대인들과 똑같이 누리게 된 특권을 뜻합니다. 이방인들도 함께 천국에 들어가서 기업을 누리게 되었습니다. "너희는 다시 무서워하는 종의 영을 받지 아니하였고 양자의 영을 받았으므로 아바 아버지라 부르짖느니라 성령이 친히 우리 영으로 더불어 우리가 하나님의 자녀인 것을 증거하시나니 자녀이면 또한 후사 곧 하나님의 후사요 그리스도와 함께 한 후사니 우리가 그와 함께 영광을 받기 위하여 고난도 함께 받아야 될 것이니라"(롬 8:15-17)

2) 함께 지체가 되었습니다

예수 안에서 이방인도 유대인과 동등하게 되었습니다. 함께 하나님의 교회의 정회원이 되었다는 말입니다. 예수님은 머리가 되시고, 이방인이나 유대인은 그리스도 안에서 한 몸을 이루는 지체가 되었습니다. 이 얼마나 놀라운 축복입니까? 우리는 다 그리스도의 한 형제요, 그리스도의 일꾼입니다. 예수 그리스도 안에서는 높낮이가 없습니다. 동일한 시민이요 동일한 하나님의 권속입니다. 다 같은 그리스도의 지체입니다.

3) 함께 약속에 참여하였습니다

이방인들도 예수를 믿음으로 말미암아 유대인들과 함께 구원의 약속을 받았다는 말입니다. 영원한 생명과 구원과 영광의 약속에 함께 참여하게 되었습니다. "그가 우리에게 약속하신 약속이 이것이니 곧 영원한 생명이니라"(요일 2:25) 영원한 생명, 영원한 천국, 영생 복락, 새 하늘과 새 땅에 함께 참여하게 되었습니다.

4) 함께 복음의 일꾼이 되었습니다

복음의 일꾼이 되는 것은 하나님의 은혜의 선물입니다. 자격이 있어서가 아닙니다. 마귀의 종살이를 하며 죄만 짓던 자가 복음의 일꾼이 되었습니다. 유대인뿐만 아니라 이방인도 복음의 일꾼이 되었습니다. 직분자 뿐만 아니라 모든 성도는 복음의 일꾼입니다. 그러므로 교회 밖에 있는 이방인들도 함께 후사(상속자), 함께 지체된 자, 함께 약속에 참여한 자가 될 수 있다는 말입니다. 그리스도 안에서 그들도 우리와 함께 한 몸, 한 형제, 한 가족이 되게 하라고 하십니다. 이 비밀은 바울 때부터 시작된 계획이 아니라 영원 전부터 가지고 계신 하나님의 비밀 계획이었습니다. 우리는 하나님의 비밀을 맡은 자랑스러운 복음의 일꾼들입니다. 생명을 구하는 임무를 맡은 자들입니다. 우리가 바로 그리스도의 비밀의 계시를 받은 일꾼임을 알아야 합니다.

그리스도의 비밀과 계시는 바로 성경 말씀입니다. 이는 하나님께서 계시하시기 전에는 알 수 없는 비밀입니다. 또 성경에 계시된 것이라 해도 믿지 않으면 알 수 없으므로 비밀입니다. 성경 속에는 우리가 깨닫지 못하는 무궁무진한 하나님의 비밀이 많습니다. 예수님께서 하신 일을 다 기록하면 세상에 쌓을 곳이 없다고 하였습니다. 그러므로 성경을 깊이 연구하고 열심히 배워서 성령의 감동으로 성경 속에 감추어진 하나님의 비밀, 하나님의 신령한 보화를 발견합시다. 그래서 영적 구원을 잘 이뤄나가고, 계속해서 새로운 비밀의 진리를 발견하여 옳은 진리를 계속 전파하기를 힘써야겠습니다. 그리스도의 비밀의 진리를 많이 깨달아 그대로 만들어진 자를 하나님은 귀하게 쓰십니다. 그러기 위해서는 하나님의 비밀의 창고인 성경 말씀을 많이 배우고, 깊은 기도를 통하여 성령의 감동을 힘입어야 합니다.

"이제 그의 거룩한 사도들과 선지자들에게 성령으로 나타내신 것같이 다른 세대에서는 사람의 아들들에게 알게 하지 아니하셨으니"(3:5) 사도와 선지자들을 통하여 표준계시는 신·구약 66권으로 종결이 되었습니다. 사도시대 이후부터는 기록된 성경계시를 통하여 하나님의 비밀을 알도록 섭리하셨습니다. 이제는 신·구약 성경 외에 다른 계시는 필요가 없습니다.

구세주가 되시는 예수님이 직접 오셔서 구원을 성취하심으로 구원이 완성되었기 때문에 구원에 관한 계시는 다 나타났습니다. "내가 이 책의 예언의 말씀을 듣는 각인에게 증거하노니 만일 누구든지 이것들 외에 더하면 하나님이 이 책에 기록된 재앙들을 그에게 더하실 터이요 만일 누구든지 이 책의 예언의 말씀에서 제하여 버리면 하나님이 이 책에 기록된 생명나무와 및 거룩한 성에 참여함을 제하여 버리시리라"(계 22:18-19) 그러므로 지금도 계시를 받는다고 주장하는 것은 잘못된 것입니다(이단).

우리는 아직 복음의 비밀을 모르는 사람들에게 복음을 전해야 합니다. 그런데 이 복음 전파는 우리 힘으로는 할 수 없고 하나님의 도우심을 받아야 합니다. "이 복음을 위하여 그의 능력이 역사하시는 대로 내게 주신 하나님의 은혜의 선물을 따라 내가 일꾼이 되었노라"(3:7) 복음을 전하는 사람들에게 하나님은 성령의 능력을 주실 것입니다.

이제 우리는 복음의 일꾼이 된 것을 바로 알아야 합니다. 그래서 많은 복음의 비밀을 깨달아 많은 사람들에게 복음을 전하는 하나님이 쓰시기에 합당한 일꾼이 됩시다.

2. 겸손한 사람입니다

"모든 성도 중에 지극히 작은 자보다 더 작은 나에게 이 은혜

를 주신 것은 측량할 수 없는 그리스도의 풍성을 이방인에게 전하게 하시고"(3:8)

사도 바울은 8절에서 자기를 소개할 때 여지없이 비하합니다. 바울은 결코 세상적으로 작은 자가 아니었습니다. 그는 과거에 그 누구에게도 굽히기 싫어하던 사울(큰 자)이었습니다. 혈통적으로나, 학문적으로나, 사회적으로나, 종교적으로나 어느 면에서도 다른 사람들보다 우월하다고 자부했던 사람이었습니다. 그러나 이제는 자기를 부인합니다. 그가 예수 그리스도의 복음의 일꾼이 된 후 자신을 새롭게 발견하였습니다. '모든 성도 중에 지극히 작은 자보다 더 작은 나에게'로 자신을 한없이 낮출 때, 복음의 일꾼됨을 자랑스럽게 여길 수 있었습니다.

과거를 생각하면 자신을 낮출 수 있습니다. 그는 과거에 독하게 기독교 핍박하던 자였으나 이제는 스스로를 '죄인 중의 괴수'라고 합니다. 도저히 자격이 없는 죄인을 용서하여 복음의 일꾼으로 삼으셨으니 얼마나 황송하며 기쁘겠습니까? 우리는 성도가 되고, 직분을 받고, 복음을 전하는 일꾼이 된 것을 감사해야 합니다. 여러분에게 맡기신 일에 대하여 두려움과 고마움이 있어야 합니다. 자신을 낮추어야 합니다. 죄악 중에 멸망 받을 과거를 생각한다면 무엇이든지 맡겨주신 그 자체가 황송할 것입니다. 무엇보다도 생명의 복음이 이 죄인인 나를 통하여 다른 사람에게 전달된다는 것은 참으로 가슴 벅찬 일입니다.

　측량할 수 없는 그리스도의 풍성함을 생각하면 자신을 낮출 수 있습니다. 그는 날마다 다른 사람들에게 두려움을 주며 괴롭히기만 하던 핍박자였습니다. 그런 그가 변하여 이제는 사람의 수치로 계산할 수 없는 그리스도의 풍성한 생명을 전하는 사람이 되었으니 가슴 벅찬 일이 아닐 수 없습니다. 측량할 수 없는 그리스도의 풍성한 복음을 나누는 하나님의 일꾼은 계시로 그리스도의 비밀을 깨달은 자입니다. 이것은 너무도 고귀한 일입니다. 이것은 우리에게 주신 하나님의 선물입니다. 우리 모두 일꾼된 자부심을 가집시다.

　사도 바울은 성도 중에 지극히 작은 자보다 더 작은 자라는 아주 겸손한 믿음의 사람임을 알 수 있습니다. "미쁘다 모든 사람이 받을 만한 이 말이여 그리스도 예수께서 죄인을 구원하시려고 세상에 임하셨다 하였도다 죄인 중에 내가 괴수니라"(딤전 1:15) 자기를 위한다거나 높아지려는 것은 찾아 볼 수 없습니다. 오히려 자기를 철저히 부인하고, 오로지 하나님의 일이 잘 되고 그리스도가 존귀케 되기를 소망하면서 주의 일에 겸손히 충성하였습니다. 사도 바울이 일생토록 하나님께 귀하게 쓰임을 받은 것은 그의 겸손 때문이라고 할 수 있습니다. 겸손이 쓰임 받는 비결이요, 겸손이 하나님의 일을 잘 감당하여 영원히 높아지는 비결입니다. "겸손과 여호와를 경외함의 보응은 재물과 영광과 생명이니라"(잠 22:4) 바울 자신은 성도 중에 지극히 작은 자보다 더 작은 자로 겸손히 낮아져 충성했지만, 오늘날에 와서는 바울 보다 더 큰 자가 없으리만큼 존귀한 자가 되었습니다. 자기를 낮추는 자가 큰 자가 됩니다. 하나님께서 자기를 낮추는 만큼 하나님이 높여 주십니다. "지혜가 제일이니 지혜를 얻으라 무릇 너의 얻은 것을 가져 명철을 얻을지니라 그를 높이라 그리하면 그가 너를 높이 들리라 만일 그를 품으면 그가 너를 영화롭게 하리라"(잠 4:7-8)

유명한 오케스트라 지휘자가 베토벤 교향곡을 연주하여 많은 사람들이 감명을 받았습니다. 어떤 사람이 그 비결을 물었을 때, 그 지휘자는 "나는 아무것도 아닙니다. 여러분도 아무것도 아닙니다. 오직 베토벤만이 전부입니다"라고 대답하였습니다.

스코틀랜드의 유명한 교육자로 존 케인즈라는 분이 있었습니다. 어느 날 케인즈는 한 지방 도시에서 개최되는 교육관련 회의에 참석하기 위하여 기차를 탔습니다. 몇 시간 후 기차는 목적지 역에 도착하였습니다. 기차역 내에는 많은 사람들로 붐볐는데 그들은 모두가 위대한 교육자인 케인즈의 방문을 환영하기 위하여 모인 사람들이었습니다. 케인즈가 막 열차의 문을 열고 내려서는 순간 환영객들은 벌써 그를 알아보고 일제히 박수를 보냈습니다. 뜻밖의 박수 소리에 깜짝 놀란 케인즈는 멈칫하였습니다. "하필이면 누군가 훌륭한 사람이 나랑 같은 기차를 타고 이 도시를 방문하는 모양이군!" 하면서, 그는 얼른 뒤따라 내리던 승객 뒤로 숨어서 자신도 열렬히 박수를 쳤습니다. 그 모습을 발견한 환영객들은 모두 놀랐습니다. 환영객 대표가 뛰어와 물었습니다. "케인즈 선생님, 지금 누구에게 박수를 치시는 겁니까?" "아니 누구라니요? 지금 여러분이 누군가 훌륭한 분을 환영하고 있으니 마땅히 나도 박수를 쳐야 하지 않겠소?" 존 케인즈가 그토록 훌륭한 교육자가 되었던 이유는 바로 그의 겸손에 있었다는 이야기입니다.

우리도 겸손하면 할수록 복을 받습니다. 주님은 2,000년 전에 모든 인간보다, 지극히 작은 자보다 더 작은 인간으로 이 땅에 오셨기 때문입니다. 주님은 이 땅에 오셔서 가장 작은 인간으로 사시다가 가장 천하고 연약한 자로 십자가에 달려 돌아가셨습니다. 그는 평생을 겸손한 마음으로 온 인류를 위하여 사셨습니다. 겸손한 마음으로 가장 낮은 인간의 삶을 사셨던 주님께서 오늘 구하는 자의 마음 속에 들어오십니다. 그리고 우리의 죄를 부수시고 당신의 겸손의 마음을 허락하십니다. 주님이 허락하시는 겸손한 마음으로 드디어 참된 우리의 모습을 보게 됩니다.

3. 믿음의 용기가 있는 사람입니다

"우리가 그 안에서 그를 믿음으로 말미암아 담대함과 하나님께 당당히 나아감을 얻느니라" (3:12)

믿음으로 구원받은 성도는 하나님께 당당히 나아갈 수 있습니다. 하나님께 나아가는 길에 우리를 막을 자는 아무도 없습니다. 마귀나 환난이 우리를 막지 못합니다. "그러므로 형제들아 더욱 힘써 너희 부르심과 택하심을 굳게 하라 너희가 이것을 행한즉 언제든지 실족지 아니하리라 이같이 하면 우리 주 곧 구주 예수 그리스도의 영원한 나라에 들어감을 넉넉히 너희에게 주시리라"(벧후 1:10-11) 그러므로 믿음의 용기를 가지고 하나님께 당당히 나아가 하나님의 일에 충성을 다하는 성도가 되어야 하겠습니다.

우리는 당당히 하나님의 자녀가 되었습니다. 죄 용서함과 의롭다함을 받아 새 생명과 영생을 얻었습니다. 함께 후사가 되었습니다. 하나님의 일꾼은 믿음의 용기가 있어야 합니다. 앞서 간 믿음의 용사들은 담대하게 세상을 이겼습니다. 믿음의 용기를 가지고 나가면 일곱 번 넘어져도 다시 일어나게 해 주십니다. 하나님의 사람은 하나님만 두려워할 뿐 사람이나 다른 어떤 것들도 두려워하지 않습니다.

일본 판사가 손양원 목사님께 '신사를 어떻게 보느냐'고 물었을 때 목사님은 "신사는 우상이라고 봅니다. 일본 천황도 예수를 믿지 않으면 지옥에 갑니다"라고 당당하게 대답했다고 합니다. '하나님께 당당히 나아감'이란 말은 그리스도를 힘입어 주님의 인도로 당당하게 나아감을 말합니다. 아들이 아버지를 두려움이 없이 만나거나 신부가 신랑 앞으로 두려움이 없이 나아가는 것을 말합니다.

  부인은 진실한 신자인 반면 남편은 완고한 불신자인 가정이 있었습니다. 어느 주일 아침에 남편이 '오늘은 정오에 친구가 오기로 약속이 되었으니 교회에 가지말고 손님을 대접할 준비를 하라' 고 부인에게 말하였습니다. 그러나 부인은 여느 때와 다름없이 교회에 갔다가 돌아왔습니다. 그러자 남편이 큰소리를 지르며 부인에게 폭력을 휘둘러 온몸이 피투성이가 되었습니다. 그때 부인은 예수님의 십자가를 생각하면서 반항하지 않고 기도하는 마음으로 매를 맞았습니다. 매란 반항하는 맛이 있어야 하는데 반응이 없자 무안해진 남편이 멈추었습니다. 그래도 남편에게 세숫물을 떠다 주고 정성껏 삼계탕을 해서 대접하였습니다. 부인의 행동을 본 남편은 '나와는 다르구나!' 하는 생각이 들었습니다. 남편의 눈에 자신은 마귀 새끼와 같고 아내는 천사처럼 보였던 것입니다. 천당이나 지옥에 대해 모르지만 아내는 천당에 가고 자신은 지옥에 갈 것 같은 생각이 들었습니다. '예수를 믿어 아내처럼 된다면 나도 예수를 믿자' 생각하고 그 때부터 교회에 나오기 시작해서 지금은 모 교회의 장로가 되었다고 합니다.

  부부가 평생을 함께 살면서 배우자의 마음을 감동시키지 못한다면 참 믿음의 소유자가 못된다고 볼 수도 있습니다. 우리도 믿음의 용기를 가지고 기도하면서 사랑과 희생으로 배우자의 마음을 감동시켜 가정의 복음화, 가정 천국을 이뤄가야 하겠습니다. 우리 모두 믿음의 용기를 가지고 신앙과 세상 일에 담대한 성도가 되어야겠습니다.

4. 하나님의 일꾼은 환난이 와도 낙심하지 않습니다

"그러므로 너희에게 구하노니 너희를 위한 나의 여러 환난에 대하여 낙심치 말라 이는 너희의 영광이니라"(3:13)

지상교회와 성도는 환난과 핍박 중에 성장하고 성숙해집니다. 하나님의 일을 할 때 당하는 환난을 영광으로 생각합니다. 그리스도의 복음은 환난과 핍박의 바람을 타고 더 빨리 더 널리 전파되었습니다. 믿음을 지키며 하나님의 일을 하다가 환난을 당해도 낙심하지 말고 사명감을 가지고 충성을 다해야 합니다. 사도 바울은 하나님의 사명을 위하여 감옥에 갇히는 일도 영광으로 생각하며 충성하였습니다.

복음 자체가 영광이며, 복음을 전하는 직분이 영광이며, 복음을 위하여 고난 받는 자는 더 큰 영광입니다(3:13). 세상의 많은 사람들은 세상의 것만 찾다가 인생을 마칩니다. 그러나 바울은 예수님의 일, 하나님의 일로 인하여 고난을 받다가 영광을 얻었습니다. 사람들은 자기만을 위하여 애쓰고 고생하다가 일생을 마칩니다. 그러나 바울은 많은 사람들을 위하여 복음을 전하다가 고난 받아 영광스러운 면류관을 얻었습니다. 위인이란 타인을 위하여 일생을 불사르는 사람입니다. 이웃을 위하여 복음의 사명을 감당하는 복음의 일꾼이 되시길 바랍니다.

사람들은 자기가 가지고 있는 소중한 가치를 모를 때가 있습니다. 우리는 아주 소중한 사람과 살고 있으면서도 그 가치를 몰라 오해할 때가 있습니다. 오해는 바로 불행의 원인입니다. 사도 바울은 하나님의 사명을 위한 고난과 갇힘을 영광으로 생각하였습니다. 그는 이 일에 사명감을 가지고 살았으며, 그 사명을 위하여 결혼도 하지 않고 모든 것을 바쳐 충성하였습니다. 복음을 위한 수고와 고난은 도리어 영원한 영광이 됩니다. 사도 바울처럼 고난과 핍박 중에도 도리어 영광으로 생각하며 사명감으로 충성을 다하는 성도가 되어야겠습니다.

미우라 아야코는 절망의 늪에 빠진 사람들에게 희망의 메시지를 전해 준 영혼의 작가였습니다. 그녀가 많은 사람에게 희망을 심어 주었던 77년 간의 생애 중 대부분의 일생은 질병과의 싸움으로 점철되었습니다. 24세부터 결혼할 37세까지, 여성에게는 청춘의 전부라고 할 수 있는 이 시기를 줄곧 침대 위에서 지냈습니다. 삶의 의욕을 잃어버린 그녀가 희망의 삶을 살게 된 것은 기독교 신앙을 갖게 되면서 부터입니다. 1952년 7월 5일 병상에서 세례를 받은 후부터 성경을 읽지 않은 날이 거의 없었습니다. 그녀는 세례 받은 날을 기점으로 참을 수 없는 마음의 기쁨을 다른 사람에게 알리고 싶어하였습니다. 특히 하나님 앞에 노출된 인간의 죄에 주목하면서 글을 쓰기 시작하였습니다. 성경에 나타난 스캔들과 인간 속에 흐르고 있는 죄성을 그렸습니다. 병상의 습작은 그녀가 등단할 수 있는 밑거름이 되었습니다. 그녀가 쓴 작품 중 대부분은 주제가 원죄입니다. 인간의 비극은 실존의 오해에서 기인한다는 까뮈의 말처럼, 누구나 자신들은 억울하다고 하지만 그와 같은 오인이 인간이 비참해지는 원인이라고 밝히고 있습니다. 그는 인간의 내부에 이런 빙점(氷點)이 존재한다고 보았습니다. 그녀는 평생 질고라는 환난을 가지고 있었지만 결코 낙심하지 않고 최선을 다하는 삶을 살았습니다.

성경은 말씀합니다. "사랑하는 자들아 너희를 시련하려고 오는 불 시험을 이상한 일 당하는 것같이 이상히 여기지 말고 오직 너희가 그리스도의 고난에 참여하는 것으로 즐거워하라 이는 그의 영광을 나타내실 때에 너희로 즐거워하고 기뻐하게 하려 함이라"(벧전 4:12-13)

"나의 달려갈 길과 주 예수께 받은 사명 곧 하나님의 은혜의 복음 증거하는 일을 마치려 함에는 나의 생명을 조금도 귀한 것으로 여기지 아니하노라"(행 20:24) 우리 모두 하나님이 귀히 쓰시는 일꾼, 복음의 비밀을 알고 전하는 일꾼, 그리고 겸손히 섬기는 일꾼이 됩시다. 담대한 믿음의 사람이 되어 어떤 환난이 와도 낙심하지 맙시다. 우리 모두 사도 바울과 같이 하나님이 쓰시기에 합당한 일꾼이 됩시다. 아멘.

¹⁴이러하므로 내가 하늘과 땅에 있는 각 족속에게 ¹⁵이름을 주신 아버지 앞에 무릎을 꿇고 비노니 ¹⁶그 영광의 풍성을 따라 그의 성령으로 말미암아 너희 속 사람을 능력으로 강건하게 하옵시며 ¹⁷믿음으로 말미암아 그리스도께서 너희 마음에 계시게 하옵시고 너희가 사랑 가운데서 뿌리가 박히고 터가 굳어져서 ¹⁸능히 모든 성도와 함께 지식에 넘치는 그리스도의 사랑을 알아 ¹⁹그 넓이와 길이와 높이와 깊이가 어떠함을 깨달아 하나님의 모든 충만하신 것으로 너희에게 충만하게 하시기를 구하노라 ²⁰우리 가운데서 역사하시는 능력대로 우리의 온갖 구하는 것이나 생각하는 것에 더 넘치도록 능히 하실 이에게 ²¹교회 안에서와 그리스도 예수 안에서 영광이 대대로 영원 무궁하기를 원하노라 아멘

(에베소서 3:14-21)

11

교회를 위한 바울의 기도

어느 선교사가 교회의 파송을 받아 선교지로 향하였습니다. 아는 사람도 없이 언어와 문화의 장벽이 높은 먼 이국에서 선교 활동을 한다는 것은 쉬운 일이 아니었습니다. 그런데 선교

지에서 놀라운 역사가 일어나자 자신도 놀랐습니다. 믿는 자들이 생기고, 곧 교회가 세워지는 등 많은 열매를 맺게 되었습니다. 그러나 몇 년이 지난 뒤부터 점점 감당할 수 없는 어려운 일들이 생겼습니다. 결국에는 실패를 안고 귀국할 수밖에 없었습니다. 자신을 파송했던 교회를 찾았는데 그날은 그 교회에서 금요 기도회가 있는 날이었습니다. 선교사님은 기도회 맨 뒷자리에 맥없이 앉아 있었습니다. 기도회를 마쳤을 때에 그 선교사님은 앞으로 나가 말했습니다. "여러분들은 제가 누군지 아십니까? 저는 여러분들의 파송을 받아 일하던 선교사입니다. 제가 떠날 때에 여러분들은 저를 위하여 많은 기도를 하였습니다. 저는 여러분들의 기도의 힘으로 성공적인 선교 사업을 할 수 있었습니다. 그러나 근래에 와서는 선교 사역이 무척 힘이 들었습니다. 그리고 피곤하고 지친 몸으로 이렇게 돌아왔습니다. 이제 저는 그 이유를 알게 되었습니다. 오늘 이 기도회 시간에 저를 위한 기도를 한 마디도 하지 않더군요."

우리는 기도의 힘과 능력으로 살아갈 수 있습니다. 중보기도, 교회를 위한 기도, 성도를 위한 기도는 아주 중요합니다.

본문에서 사도 바울은 에베소 교인들을 위하여 간절히 무릎을 꿇고 기도하였습니다. 바울은 자기 자신만을 위하여 기도하지 않고 하나님의 교회와 성도를 위하여 간절히 기도하였습니다.

1. 누구에게 기도했습니까(기도의 대상)

1) 하늘과 땅에 있는 각 족속에게 이름을 주신 아버지

"이러하므로 내가 하늘과 땅에 있는 각 족속에게 이름을 주신 아버지 앞에 무릎을 꿇고 비노니"(3:14-15)

바울은 하늘과 땅과 각 족속에게 이름을 주신 아버지께 기도하였습니다. 하늘과 땅에 있는 모든 족속들, 즉 피조물 전체가 하나님으로부터 이름을 받았습니다. 바울은 하늘과 땅 위의 모든 것들의 창조주가 되시는 하나님 아버지께 기도하였습니다. '이름'은 인격이나 특질, 분복을 가리킵니다. 하나님은 모든 민족에게 이름을 주셨습니다. 인격과 특질과 분복을 주어 살도록 섭리하셨습니다. '하나님께서 이름을 주셨다'는 것은 하나님께서 가치 있게 지으신 존재라는 말입니다. 하나님께서 우리를 아시고 사랑하신다는 뜻입니다(사 49:15, 사 43:1).

하나님은 우리를 하나님의 형상대로 가치 있게 창조하셨습니다. 우리를 사랑하시고 가치 있게 보시는 하나님께 기도합니다. 그러나 오늘 날 많은 사람들이 기도의 대상을 잘못 알고 헛된 신, 죽은 신, 즉 우상에게 빌고 있습니다. 기도와 찬양과 경배는 이런 우상에게 하는 것이 아닙니다. 나무나 돌과 쇠를 부어 만든 우상에게 하는 것이 아닙니다. 살아 계신 하나님, 모든 것을 창조하신 하나님, 우리를 긍휼히 여기사 우리의 기도

에 응답하시는 하나님께 하는 것입니다.

최고의 판소리 명창인 박동진 옹은 장로님이십니다. 그분이 춘향가와 심청가를 완창한 것으로 알려졌지만 사실은 판소리 '예수전'으로 더 유명합니다. 원래 이 분은 불교 신자였습니다. 하루는 절에서 불공을 드린 후, 절 여기저기를 구경하다가 뒤편에 갔더니 목수가 큰 나무로 불상을 조각하는 것을 보았습니다. 그런데 조각에서 떼어낸 나무로 불을 피워 방을 데우고, 식사 준비도 하였습니다. 이것을 바라보며 곰곰이 생각하였습니다. '내가 지금까지 복을 달라고 열심히 빌고 왔는데 사람이 조각하여 만든 불상 앞에서 복을 달라고 빌었단 말인가? 저 사람이 조각하여 만든 것이 나에게 무슨 복을 줄 수 있겠는가?' 그 후 이분은 기독교로 개종하여 교회의 장로가 되었습니다.

단군 신상에 대하여 기독교계가 강력하게 반발하는 이유도 마찬가지입니다. 우리의 조상이 단군이라는 역사적 사실이나 단군 자체를 부정하지는 않습니다. 우리가 반대하는 것은 단군은 인간이지 신이 아니라는 사실입니다. 다시 말하면 단군은 우리의 조상일 뿐 우리가 경배할 대상이 아니라는 말입니다. 단군상을 세우려는 사람들은 단군을 신으로 섬기는 사람들입니다. 그들은 민족 정신과 뿌리 찾기를 빙자하여 자신의 종교, 즉 단군교를 포교하는 것입니다. 이들 뒤에는 우상 숭배를 확산시켜 우상에게 우리의 영혼을 더럽히려는 사탄의 무서운 음모가 숨어 있습니다. 기독교인은 누구보다도 나라와 민족을 사랑합니다. 3·1절 독립 선언서에 서명한 33인 중에 16명이 기독교인인 것은 이를 뒷받침해 줍니다.

우리는 지금도 살아 계시며 우리를 가장 가치 있게 창조하시고 사랑하시는 하나님께 기도해야 합니다. 우리는 우리를 창조하신 살아 계신 하나님, 우리의 기도에 응답하시는 하나님께 기도할 수 있는 백성이 된 것을 감사하며 열심히 기도하는 성도가 됩시다.

2) 능력으로 역사하시는 하나님

"우리 가운데서 역사하시는 능력대로 우리의 온갖 구하는 것이나 생각하는 것에 더 넘치도록 능히 하실 이에게"(3:20)

우리가 기도하는 대상은 우리의 기도에 응답하시는 능력이 많으신 하나님이십니다. 그분은 우리의 구하는 것을 다 아시는 분입니다. 우리의 기도를 듣기도 하시고, 대답도 하시는 능력이 있으신 분입니다. 우리의 생각까지도 다 아시고 우리의 기도를 이루어 주십니다. 우리에게 응답해 주시되 구하는 것보다 더 넘치도록 주시는 하나님이십니다. 그 능력은 우리 안에 역사하시는 능력입니다. 우리의 기도 대상은 능력의 하나님이십니다. 우리가 기도하면 하나님은 능력으로 역사하십니다. 우리 개개인의 심령 속에, 교회와 가정 안에 역사하시는 하나님이십니다. 그러므로 우리는 능력을 받도록 기도해야 합니다. 우리 개인에게 능력을 주시는 하나님, 우리 교회와 가정에 능력을 주시는 하나님께 기도합시다. 하나님의 능력은 부활의 능력, 죽은 자를 살리시는 능력입니다.

2. 어떻게 기도했습니까(기도의 자세)

"이름을 주신 아버지 앞에 무릎을 꿇고 비노니"(3:15)
 무릎을 꿇는다는 것은 하나님 앞에 엎드린다는 뜻입니다. 이 말씀은 하나님을 경외하여 간절히 기도하는 것을 말합니다. 무릎을 꿇는 것은 순종과 간절함, 그리고 범죄한 인간이 용서를 바라는 태도입니다. 예수님도 우리 인류의 구속을 위하여 감람산에서 기도하실 때 무릎을 꿇고 간절히 기도하셨습니다. 믿음의 종들은 모두 무릎을 꿇고 간절히 기도하였습니다. 베드로도 다비다를 살리기 위하여 무릎을 꿇고 간절히 기도할 때 하나님은 살리시는 능력을 보여주셨습니다(행 9:40). 솔로몬도 놋으로 만든 장대 위에 무릎을 꿇고 이스라엘 회중 앞에서 간절히 기도하였습니다(대하 6:13). 다니엘도 이스라엘을 향하여 무릎을 꿇고 하루 세 번씩 창문을 열고 간절히 기도하였습니다(단 6:10). 하나님은 사자굴 속에서도 다니엘을 구해 주셨습니다. 우리도 하나님께 간절히 기도해야 합니다. 하나님은 간절히 기도하는 소리를 들어주십니다.
 우리도 바울처럼 간절히 기도합시다. 교회가 말씀 속에서 건강하게 부흥하고 성장하도록 기도합시다. 우리 자신의 믿음과 가정과 자녀를 위하여 간절히 기도합시다. 그리고 어려움에 처한 이웃과 병든 성도들을 위하여 기도합시다. 믿음이 연약한 성도들을 위하여 기도합시다.

어느 목사님이 연세도 많고 건강이 악화되어 시무하는 교회를 사임하게 되었습니다. 목사님의 송별 모임 때에 한 사람이 물었습니다. "목사님은 이처럼 훌륭한 목회를 할 수 있었던 비결이 무엇입니까?" 그때 목사님은 사모님을 가르키며 "내 아내가 하나님께 무릎을 꿇는 것으로 이만큼이라도 할 수 있었습니다"라고 대답했다고 합니다. 아내가 항상 무릎을 꿇어 기도생활을 함으로써 성공적인 목회를 하게 되었듯, 부모가 자녀를 위하여 아내가 남편을 위하여 무릎을 꿇을 때 하나님의 권고가 있습니다. 어느 분이 스펄전 목사님에게 "목사님의 영력 있는 설교의 비결이 뭡니까?" 하고 물었습니다. 그때 목사님은 지하 기도실로 안내하시며 이렇게 대답했다고 합니다. "성도들의 끊임없는 기도가 영력을 얻는 비결입니다."

3. 무엇을 기도했습니까(기도의 내용)

1) 속 사람을 강건하게 하옵소서

"너희 속 사람을 능력으로 강건하게 하옵시며" (3:16)

사도 바울은 에베소 교회를 위한 기도에서 에베소 교회 성도들이 속 사람이 강건해지도록 기도하였습니다. "속 사람"은 인간의 '영', '마음', '이성과 의지가 활동하는 인격'을 가리킵니다. 성경에서 '속 사람'은 '겉 사람', 즉 육체에 속하여 부패한 사람과 대조를 이루는 것으로(롬 7:22; 고후 4:16), 그리스도 안에서 새롭게 창조된 '새로운 피조물'을 의미하기도 합니다. 속 사람이 강건해진다는 것은 속 사람이 계속 자라는 것을 의미합니다.

여기서 '자란다'는 것은 육체의 신장을 의미하는 것이 아닙니다. 어떤 대상을 경험적으로 알아 가는 것을 말합니다. 그 대상은 하나님이십니다. 하나님을 알아 가는 것, 그리고 그 앎과 더불어 삶의 표현이 달라지는 것을 말합니다. 본문에 속 사람이 자라는 요소로 성령의 능력, 사랑, 충만을 말합니다. 이 '속 사람'은 성령을 통해서 능력으로 강건해집니다. 속 사람은 중생한 영혼을 가리킵니다. 겉 사람, 곧 육체는 질그릇과 같으며 언젠가는 무너지게 되어 있습니다. 그러나 속 사람은 중생한 영혼을 가리키는 데 나날이 새롭다고 하였습니다. 사도 바울은 속 사람이 강건해지기를 간절하게 기도하였습니다. 속 사람은 성령으로 거듭났기 때문에 늘 성령이 내주 하셔서 우리를 하나님의 뜻대로 인도하십니다. 따라서 우리의 속 사람은 항상 능력으로 강건해져야 합니다. 그러므로 성령을 순종해야 성령의 능력으로 강건해지고 무한히 새로워집니다.

대부분의 사람들은 겉 사람은 잘 치장하여 아름답게 가꾸지만 속 사람은 그다지 단장하지 않습니다. 신앙생활을 하는 성도들도 속 사람이 연약하고 강하지 못함으로 인해 넘어지고 낙심하고 실패하게 됩니다. 성령의 능력으로 속 사람이 자라지 않을 때 주로 '육신의 정욕과 안목의 정욕과 이생의 자랑'에 매여 있는 가운데 우리의 삶의 표현이 이루어집니다. 그렇지 않고 종교적일 때 철저한 금욕주의와 고행으로 억제된 삶의 표현이 있습니다. 그러나 그러한 삶의 표현에는 생명력이 없습니다. 우리는 항상 속 사람이 강건하도록 기도해야 합니다.

　중국 동부의 한 농부가 자신의 농장에 대나무를 심고 기다렸습니다. 첫 해에는 아무런 변화가 없었습니다. 다음 해에도 역시 아무것도 보이지 않았습니다. 3년째, 그리고 4년째가 되어도 마찬가지였습니다. 하지만 5년째가 되던 해에는 수백 평방미터의 땅 아래에서 대나무 뿌리가 빽빽하게 퍼져 있었고, 마침내 헤아릴 수 없을 만큼 수많은 대나무 싹들이 지면을 뚫고 올라오기 시작하였습니다. 마치 마술을 보는 것 같았습니다. 대나무들은 하루에 한 자가 넘게 자랐습니다. 불과 6주만에 15미터 이상씩 자랐습니다. 그래서 농부는 대나무를 잘라다 팔아 큰 부자가 되었습니다. 사실 그것은 마술이 아닙니다. '모소'라는 이름을 가진 중국 동부에서 자라는 이 대나무는 싹을 내기 전에 뿌리가 사방으로 수십 미터까지 뻗어갑니다. 그래서 일단 싹을 내면 뿌리에서 보내는 거대한 양의 자양분 덕에

순식간에 키가 자랍니다. 5년이라는 기간은 뿌리를 내리기 위한 준비 기간인 셈입니다.

우리의 겉 사람과 속 사람을 나무에 비유할 수 있습니다. 표면에 드러난 나무의 줄기와 잎과 열매는 겉 사람으로, 땅 속에 숨겨진 뿌리 부분은 속 사람에 비유할 수 있습니다. 표면에 드러난 나무의 형태가 싱싱하고 우람한 것은 보이지 않는 뿌리가 건실하다는 증거입니다. 그러한 나무를 가리켜 잘 자란 나무라고 합니다. 나무의 줄기가 마르고 잎이 누렇게 된 나무는 잘 자라지 못한 나무입니다. 우리의 속 사람이 강건하면 우리의 인격에 나타나게 됩니다. 속 사람이 성령의 능력으로 자랄 때 그 자람이 겉 사람을 통해서 삶으로 표현됩니다. 언어적 표현과 행동의 표현이 달라집니다. 그리고 신체의 태도를 통한 표현과 얼굴의 표정, 그리고 손의 움직임을 통한 표현이 달라집니다. 속 사람이 강건하면 우리의 언어생활도 아름다워집니다. 속 사람이 강건해야 우리의 행동도 거룩한 열매를 맺을 수 있고 그리스도의 향기를 발할 수 있습니다.

누가 우리의 속 사람을 자라게 합니까? 실제로 나무를 자라게 하는 것은 토양이나 뿌리가 아닙니다. 보이지 않는 어떤 생명력이 자라게 합니다. 우리의 속 사람을 자라게 하는 것도 그 어떤 생명력입니다. 본문에서 그 생명력은 성령의 능력이라고 하였습니다. 성령은 생명의 영이십니다. 생명의 영이신 성령을 통해서 흘러나오는 그 생명의 흐름이 우리의 속 사람을 자라게 합니다.

그런데 우리의 속 사람이 자라지 못하게 하는 여러 가지 방해물들이 있습니다. 그 근원은 역시 죄의 힘입니다. 성령의 능력은 그 죄의 힘에서 우리의 속 사람을 해방시키고 치유하심으로써 자라게 하십니다. 범죄하면 성령의 능력을 받지 못합니다. 성령의 능력을 받지 못하면 속 사람이 강건해 질 수 없습니다. 우리는 속 사람이 강건해야 합니다.

바울은 육신 중심이나 세상 중심이 아니라 영혼 중심으로 사는 신령한 신앙을 소유하였습니다. 육신적인 것에 소망을 두지 말고 영혼이 능력을 얻어 강건하여지고 영혼이 새롭게 자라나 영적으로 실력 있는 자가 되기를 간구하였습니다.

사도 베드로도 겉 사람보다 속 사람을 단장하라고 하였습니다. "너희 단장은 머리를 꾸미고 금을 차고 아름다운 옷을 입는 외모로 하지말고 오직 마음에 숨은 사람을 온유하고 안정한 심령의 썩지 아니할 것으로 하라 이는 하나님 앞에 값진 것이니라"(벧전 3:3-4) 베드로는 주님께서 십자가에 못 박히신 뒤에 다른 제자들과 함께 갈리리 호수에서 물고기를 잡고 있었습니다.－3년 전, 주님이 베드로를 찾아 오셔서 사람을 낚는 어부가 되라고 불러 주셨습니다. 주님의 말씀대로 열심히 주님을 따랐습니다. 주님의 말씀에 큰 감동도 받았으며 주님이 행하시는 능력과 기사에 놀라움도 있었습니다. 그러나 능력의 주님이 붙잡히시고 십자가에서 처참하게 돌아가시자 모든 것이 끝난 듯 하였습니다. 그러자 베드로와 제자들은 다시 옛날로 돌아갔습니다. 3년 전에 놓았던 물고기 잡는 일을 다시 시작한 것입니다. 그러나 어떻게 된 일인지 밤을 새워 그물을 던졌지만 단 한 마리의 물고기도 잡히지 않았습니다. 새벽 미명, 언덕에 선 누군가가 물고기를 많이 잡았느냐고 물었습니다. 한 마리도 잡지 못했다고 하자 그물을 배 오른편 깊은 곳으로 던지라고 말하였습니다. 무심코 나그네의 말대로 그물을 오른편에 던졌습니다. 그런데 그물을 들어올릴 수 없을 만큼 많은 물고기가 잡혔습니다. 정신이 번쩍 들었습니다. 그물을 오른편 깊은 곳으로 던지라고 말씀하신 이가 바로 주님이셨습니다. 베드로는 주님을 만나 너무 반가운 나머지 물 속으로 뛰어들었습니다. 수영을 해서 주님이 계신 언덕까지 이르렀습니다. 그러나 주님 앞에 섰을 때에 베드로는 주님을 똑바로 쳐다볼 수 없었습니다. 주님이 십자가를 지시기 전의 일이 생각났기 때문입니다. 주님은 제자들을 향하여 너희들은 모두 나를 버리고 도망할 것이라고 말씀하셨을 때, 베드로는 다른 제자들과 마찬가지로 아주 자신 있게 주님을 위하여 죽기까지 따르겠다고 다짐하고 맹세했기 때문입니다. 그때 주님은 "네가 닭 울기 전에 세 번 나를 부인하고 저주하리라"고 하셨습니다. 베드로는 결코 그런 일이 없을 것이라고 말하였습니다. 그리고 주님이 잡히셨습니다. 주님이 잡히실 때에 용감하게 칼을 뽑아 주님을 잡으려는 자의 귀를 자르기도 하였습니다. 그러나 곧 그의 의지는 무너졌습니다. 주님이 재판정에 계실 때 주님을 모른다고 부인했으며 주님의 이름을 저주하였습니다. 심지어 어린 아이 앞에서까지 주님의 이름에 저주를 퍼부었습니다. 주님 앞에 선 지금, 바로 그 일이 떠올라 부끄러워 고개를 들 수 없습니다. 그때 주님은 베드로에게 말씀하셨습니다. "그때 네가 왜 그랬느냐? 네가 수제자로서 그럴 수가 있느냐?"고 책망하지 않으셨습니다. "네가 나를 사랑하느냐?"고 세 번 물으셨습니다. 주님은 베드로의 사랑한다는 고백을 들으시고 "내 양을 먹이라"고 부탁하셨습니다. '내 양을 먹이고, 내 교회를 세우고, 내 교회를 돌보며, 복음을 전하는 사명을 감당하라' 고 부탁하셨습니다. 예수님은 하늘로 올라가실 때가 되었습니다. 이제 교회를 세우고, 양무리를 돌보고, 하나님의 나라를 세우는 일을 제자들이 해야 합니다. 이 일은 가슴이 뜨겁고 심령이 강건하며 주님을 사랑하는 사람이 할 수 있습니다. 그래서 네가 나를 사랑하느냐고 묻고 또 물어 다짐하셨던 것입니다. 주님을 뜨겁게 사랑하는 사람, 심령이 강건한 사람이 주님의 사명을 잘 감당할 수 있기 때문입니다. 베드로의 속 사람이 강건해 질 때 그는 성령의 사도가 되었습니다.

과거에 우리의 삶이 부끄러웠다거나 과거에 열심을 가지고 주님을 섬겼다거나 하는 것은 그리 중요하지 않습니다. 중요한 것은 바로 지금입니다. 지금 나의 심령에 불이 붙어 있는지, 강건한지, 성령의 충만함 가운데 있는지가 중요합니다.

우리의 심령이 강건할 때 주님께서 내게 주신 몫의 십자가를 기쁨으로 질 수 있습니다. 우리의 심령이 강건할 때 하나님께 나아감으로 하나님께서 우리에게 가까이 오셔서 우리의 삶을 선하고 아름답게 인도하십니다. 우리 모두 심령이 강건하여 지기를 원합니다. 우리 삶의 모든 문제는 우리의 영혼과 마음에서 나옵니다. 우리의 심령이 강건할 때 환란 가운데서 참으며, 소망 가운데 인내할 수 있습니다. 우리의 심령이 강건할 때 하나님께 열납되는 진정한 봉사와 섬김의 삶을 살 수 있습니다. 속 사람의 인격이 거룩하고 온유하고 안정된 심령을 가지고 살아야 우리의 삶이 아름답습니다. 심령이 강건하고 영력 있는 성도가 될 때에, 마귀를 이기고 죄를 끊고 하나님의 뜻을 이뤄 드릴 수 있으며 끝까지 옳은 진리를 세워 나갈 수 있습니다.

성경은 말씀합니다. "내가 이르노니 너희는 성령을 좇아 행하라 그리하면 육체의 욕심을 이루지 아니하리라 육체의 소욕은 성령을 거스리고 성령의 소욕은 육체를 거스리나니 이 둘이 서로 대적함으로 너희의 원하는 것을 하지 못하게 하려 함이니라"(갈 5:16-17) 육신의 소욕을 떠나서 성령의 좇아 행하면 영의 일이 잘 되게 하실 뿐 아니라 육신의 일도 형통케 하시는 하나님이십니다. 성경은 말씀합니다. "너희는 먼저 그의 나라와 그의 의를 구하라 그리하면 이 모든 것을 너희에게 더하시리라 그러므로 내일 일을 위하여 염려하지 말라 내일 일은 내일 염려할 것이요 한 날 괴로움은 그 날에 족하니라"(마

6:33-34) 그러므로 우리는 기도할 때마다 사업과 건강과 자녀를 위하여 기도해야겠지만, 그보다 먼저 나의 영혼의 강건함을 위해서, 그리고 심령의 부흥과 성령의 충만함을 위하여 기도하시기를 바랍니다.

우리도 바울처럼 교회를 위하여 간절히 기도합시다. 창조주이시며 구원자이신 살아 계신 하나님, 능력의 하나님께 기도해야 합니다. 우리의 속 사람이 강건해지도록 기도해야 합니다. 우리 모두 성령으로 충만한 기도의 사람이 됩시다. 아멘.

그 때에 그리고 이제는

초판 1쇄 인쇄 / 2007년 12월 5일
초판 1쇄 발행 / 2007년 12월 10일

지은이 / 배 굉 호
펴낸이 / 김 수 관
펴낸곳 / 도서출판 영문
122-070 서울시 은평구 역촌동 10-82
☎ (02) 357-8585
FAX • (02) 382-4411
E-mail • kskym49@yahoo.co.kr

출판등록번호 / 제 03-01016호
출판등록일 / 1997. 7. 24

파본은 교환해 드립니다.
본 출판물은 저작권법으로 보호 받는
저작물이므로 출판사나 저자의 허락없이
무단 전재나 무단 복제를 할 수 없습니다.

정가 6,000원
ISBN 978-89-8487-234-9
Printed in Korea